OSTA

人力资源和社会保障部职业技能鉴定

营业员

（高级）

国家职业技能鉴定考核指导

人力资源和社会保障部职业技能鉴定中心 编写

中国石油大学出版社
CHINA UNIVERSITY OF PETROLEUM PRESS

图书在版编目(CIP)数据

营业员(高级)[illegible]业技能鉴定考核指导 / 人力资源和社会保障[illegible]能鉴定中心编写. —东营:中国石油大学出版社,2014.3

ISBN 978-7-5636-4300-4

Ⅰ. ①营… Ⅱ. ①人… Ⅲ. ①营业员—职业技能—鉴定—自学参考资料 Ⅳ. ①F718

中国版本图书馆 CIP 数据核字(2014)第 058451 号

书　　名:营业员(高级)国家职业技能鉴定考核指导
作　　者:人力资源和社会保障部职业技能鉴定中心

责任编辑:阙青兵(电话 0532—86981538)

出 版 者:中国石油大学出版社(山东 东营　邮编 257061)
网　　址:http://www.uppbook.com.cn
电子信箱:zhiyejiaoyu_qqb@163.com
印 刷 者:青岛炜瑞印务有限公司
发 行 者:中国石油大学出版社(电话 0532—86983584, 86983437)
开　　本:185 mm × 260 mm　印张:7.5　字数:192 千字
版　　次:2014 年 5 月第 1 版第 1 次印刷
定　　价:17.00 元

营业员(高级)
国家职业技能鉴定考核指导

本书编写人员

执行主编　蔡志会
执行副主编　黄世仿
编　　者　（按姓氏笔画排序）
　　　　　马新芳　王雪芬　卢　捷　田　君　刘　阳
　　　　　李　明　欧志敏　明秀娴　柴楚乔　韩雪冰
　　　　　蔡志会　薛晓宇
主　　审　林叔明
审　　稿　陈道业

序 Preface

推进职业教育改革和发展，是实施科教兴国、人才强国战略，促进经济社会可持续发展和提高我国国际竞争力的重要途径；是加快人力资源开发、全面提升劳动者素质和发展先进生产力的必然要求；是增强劳动者就业能力、创业能力和促进素质就业的重要举措。在推进职业教育改革和发展的过程中，职业教育课程体系改革具有重要作用。传统的职业教育课程受到以理论知识为中心的教育体系的严重影响，忽略了职业活动实际操作过程和技能要求，导致劳动者在就业过程中不能学以致用，也使用人单位难以在现行教育体系中直接选用合格的技能人才。针对这些问题，人力资源和社会保障部经过多年的系统研究，并对国内外职业培训实践进行深入总结，确立了职业教育培训与企业生产和促进就业紧密联系的技能人才培养体系，划清了学科教育和职业教育的界限，提出了职业教育培训不是以学科体系为核心的教育模式，而是以生产活动的规律为指导、以岗位需求为导向、以服务就业为宗旨的技能人才培养发展路线，从而为我国的技能人才振兴发展提供了有力保障。

坚持“以职业活动为导向，以职业能力为核心”的指导原则，不仅要厘清职业教育与学科性教育在技术和方法上的区别，而且要在职业教育和职业训练中把生产实践活动的规律具体化，把职业活动各个环节标准化，把职业技能鉴定的技术科学化和规范化，以实现“从工作中来，到工作中去”，坚持“在工作中学习，在学习中工作”，形成以学校与用人单位携手联合，理论课程与实训项目紧密结合为基础的工学一体化的教学体系和评价体系。充分体现职业技能鉴定以学员为主体，突出以职业活动为导向的基本原则。

为服务职业培训和技能人才评价工作，保证国家职业技能鉴定考核的科学、公平、公正，人力资源和社会保障部在国家职业技能标准框架下，分职业工种和等级，建立了职业技能鉴定理论知识和操作技能国家题库。目前，国家题库资源已经覆盖近300个社会通用职业工种，行业特有职业工种题库也达到280余个，这些题库资源基本满足了全国职业技能鉴定工作的需要。人力资源和社会保障部中国就业培训技术指导中心（职业技能鉴定中心）作为全国技能人才评价工作的技术支持机构，在职业技能标准开发、职业培训课程建设等方面发挥了重要作用。

国家职业技能鉴定考核指导丛书，依据国家职业技能标准和国家题库，主要介绍国家题库的命题思路，展现国家职业技能鉴定的考核形式和题型题量，帮助考生熟悉鉴定命题基本内容和考核要求，提高学校、培训机构辅导和学员学习、复习的针对性。

我们期待该丛书的出版，能够推进职业教育课程改革，能够更好地服务于技能人才培养、服务于就业工作大局，为我国的技能振兴和发展做出贡献。

人力资源和社会保障部职业技能鉴定中心

主任 刘康

目录

Contents

第一部分　理论知识

第一章　考情观察……1

第二章　知识架构……4

第三章　考核解析……5

　第一单元　职业道德……5

　第二单元　基础知识……9

　第三单元　商品检验……31

　第四单元　商品销售……44

　第五单元　商品清查……72

第四章　模拟试卷……96

第二部分　操作技能

第一章　考情观察……103

第二章　考核结构与鉴定要素表……104

第三章　模拟试卷……106

参考文献……112

第一部分　理论知识

第一章　考情观察

考核思路

根据《营业员国家职业技能标准》的要求，高级营业员理论知识考核范围包括：验收商品、鉴别商品、引导购物、接待投诉、盘点商品、商品分析等。考核深度要求掌握商品检验、商品销售、商品清查的方法，熟悉商品经营、商品标志的鉴别、顾客接待、商品盘点的过程、库存商品的分析等知识，了解商品学及商品的分类知识、顾客心理学的相关知识。同时，高级的考核要求涵盖初级、中级的内容，包括职业道德、基础知识、营业准备、商品销售、商品结算。

组卷方式

理论知识国家题库采用计算机自动生成试卷，即计算机按照本职业等级的“理论知识鉴定要素细目表”的结构特征，使用统一的组卷模型，从题库中随机抽取相应试题组成试卷。有的地方还有特色题库，可以按规定比例和国家题库一起组卷。试卷组成后，应经专家审核，更换不适用的试题。

试卷结构

理论知识考试实行百分制，采用闭卷笔试方式，成绩达到60分及以上为合格。试卷的结构以《营业员国家职业技能标准》和《中华人民共和国职业技能鉴定规范》为依据，并充分考虑到当前我国社会生产的发展水平和营业员工作对从业者在知识，能力和心理素质等多方面的要求。试题以中等难度为主，约占70%；难度低的试题约占20%；难度高的试题约占10%。

基本结构：理论知识考试满分为100分。题型主要有单项选择题、多项选择题和判断题。其具体的题型、题量与分配方案见表1-1-1。内容包括“职业道德”、“基础知识”、“商品检验”、“商品销售”等部分，各部分所占鉴定比重和鉴定点配置情况可参见表1-1-2。

表1-1-1　营业员(高级)理论知识试卷题型、题量与分配方案

题　型	试题数量(配分)	分　数
单项选择题	70题(1分/题)	70分

续表 1-1-1

题　型	试题数量(配分)	分　数
多项选择题	10 题(2 分/题)	20 分
判断题	20 题(0.5 分/题)	10 分
总　分	100 分(100 题)	

表 1-1-2　营业员(高级)理论知识各部分所占鉴定比重及鉴定点配置情况

鉴定范围(一级)	鉴定范围(二级)	鉴定范围(三级)	鉴定比重/%	鉴定点数量
基本要求	职业道德	职业道德基础知识	5	3
		职业守则		3
	基础知识	商业企业基本知识	15	32
		商业企业生产安全相关知识		1
		相关法律法规知识		11
	商品检验	验收商品	10	10
		鉴别商品		12
	商品销售	引导购物	45	40
		接待投诉		20
	商品清查	商品盘点	25	31
		商品分析		20
合　计			100	183

考核时间与要求

(1) 考核时间。按《营业员国家职业技能标准》要求，本职业高级理论知识考试时间为 60 min。

(2) 考核要求。

① 采用试卷答题时，做答选择题，应按要求在试题前面的括号中填写正确选项的字母；做答判断题，应根据对试题的分析与判断，在括号中画“√”或“×”。

② 采用答题卡答题时，按要求直接在答题卡上选择相应的答案处涂色即可。

③ 采用计算机考试时，按要求点击选定的答案即可。

④ 具体答题要求在考试前考评人员会做详细说明。

应试技巧及复习方法

考生要取得理想的成绩，通过认真的学习和复习来掌握考试要求的知识是必要条件，但是掌握适当的应试技巧也是必不可少的。下面介绍的应试技巧，如命题视角、答题要求和答题技巧等，考生在复习、考试时也要高度重视。

在应试过程中，应合理安排答题时间，高级营业员理论考试时间为 60 min，选择题答题时间宜控制在 40 min 内，判断题答题时间宜控制在 10 min 内，最后 10 min 为检查时间。

答题时要按照先易后难的原则依次答题，对个别一时不能解答的难题可先跳过，待整套试卷做完检查时再行考虑作答。千万不要为一道难题钻牛角尖，浪费过多的时间。对于选择题而言，大部分题目难度不是很大，一道题目有4个备选项（多选题为5个），其中只有1个选项是正确的（多选题至少有2个），需将正确选项的代号填入括号内或填涂答题卡。选择答案时应注意：

（1）如果有把握确定正确答案，可以直接挑选。

（2）如果无法确定正确答案，可以采用排除法（将没有见过的选项、不合常理的选项以及说法相同的选项排除）。

（3）如果遇到不熟悉考点的题目，要仔细阅读题干，找出关键点，进行合理的猜测，也可以联系相关知识或者结合现实来猜测。

（4）即使对某道题一无所知，单选题也不能空着，可以猜测一个选项。

（5）对于一些计算性质的题目就需要从题目要求入手，寻找相关资料。

（6）有些题目比较抽象，可以将抽象问题具体化。

判断题通常不是以问题的形式出现，而是以陈述句形式出现，要求应试者判断一条事实的准确性，或判断两条或两条以上的事实、事件和概念之间关系的正确性。判断题中常常含有绝对概念或相对概念的词。表示绝对概念的词有“总是”、“一律”等，表示相对概念的词有“通常”、“一般来说”、“多数情况下”等。了解这一点，将为您确定正确答案提供帮助。

回答判断题时，要将判断结果填入括号中或涂在答题卡上，对的画“√”，错的画“×”。选择答案时应注意：

（1）命题中含有绝对概念的词，这道题很可能是错的。统计表明，大部分带有绝对概念词的题，“√”的可能性小于“×”的可能性。当您对含有绝对概念词的题没有把握做出判断时，想一想是否有什么理由来证明它是正确的，如果找不出任何理由，“×”就是最佳的选择答案。

（2）命题中如含有相对概念的词，那么这道题很可能是对的。

（3）只要命题中有一处错误，该命题就全错。

（4）酌情猜测。实在无法确定答案的，在有时间的情况下多审几次题，尽可能把猜测的结果填上，说不定会有意外的收获。

考生要想取得理想的成绩，掌握好的学习和复习方法也很重要：

（1）系统地甚至可以粗略地把教材过一遍。通读完教材后，接下来的任务是精研细读，循序渐进，一步一个脚印，不放过每个环节，并认真做好笔记。对每个鉴定点的内容，哪些问题应该掌握，哪些内容只作为一般了解，哪些要点要熟练精通，通过复习后也就一目了然了。例如，理论知识部分在每个单元中都有考核要点表，表中列举了考核类型、考核范围、考核点、重要程度。复习时，对于一颗星的内容，作一般性了解即可；对于两颗星的内容，应达到熟悉；对于三颗星的内容，则必须全面掌握。

（2）多做练习，熟能生巧。每个单元后面都配有大量的练习题，这些题是根据鉴定点精选出来的，每个鉴定点基本上安排了3～4道练习题。通过做练习，可以加深记忆。在做练习时，应先自己做完一遍，再对照参考答案，对做错的题目要多进行反思、总结。

（3）听课辅导是必不可少的，但在听课之前，自己应当先自学一遍，做到带着问题听课，课后再花时间消化理解，效果就会大不一样。另外，辅导老师讲课只能作重点辅导，帮助学员理解，而不可能逐条逐项细读慢讲。在老师的指导下，学员只有自己去精读钻研，才能加深理解，牢固掌握应考知识。这就是所谓的突出重点、兼顾一般。

（4）用心复习，不要被动，要主动学习。

（5）尽量不要临时抱佛脚，平时要多学、多记、多练。

第二章　知识架构

根据《营业员国家职业技能标准》和本等级“理论知识鉴定要素细目表”,从便于学习和掌握的角度出发,将本等级知识模块化,划分为五个单元,根据单元知识点搭建知识网络架构图如下图所示:

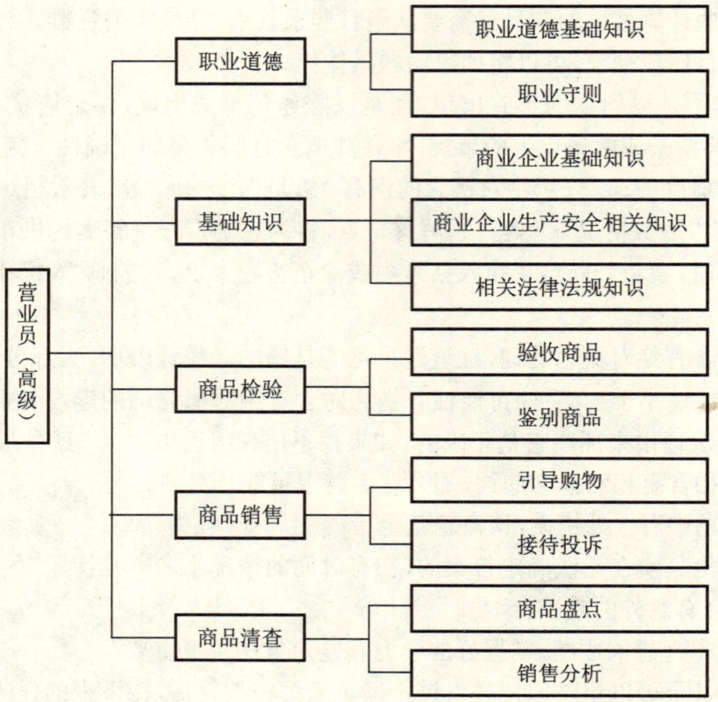

第三章 考核解析

第一单元 职业道德

学习目标

（1）了解职业道德的概念和特征。
（2）掌握职业道德的作用。
（3）掌握营业员的职业守则。

考核要点

考核类别	考核范围	考核点	重要程度
职业道德	职业道德基础知识	职业道德的概念	★
		职业道德的特征	★★
		职业道德的作用	★★★
	职业守则	遵纪守法，爱岗敬业	★★★
		尊重顾客，用心服务	★★★
		真诚守信，文明经商	★★★

知识网络

本单元对营业员涉及的职业道德知识进行了概述，为方便考生从整体上理解和掌握本单元知识，现将本单元涉及的考核要点以网络图的形式表达如下：

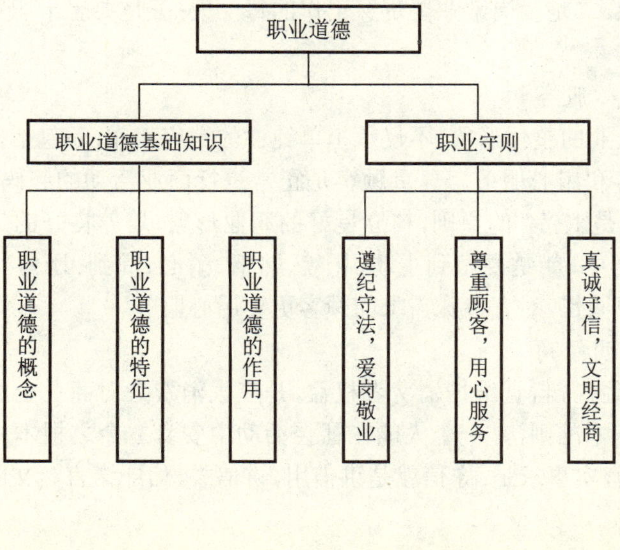

考点导航

一、职业道德基础知识

1. 职业道德的概念

"道德"作为一种社会现象随时出现在我们身边,是调整人们之间以及个人与社会之间的行为规范的总和。职业道德就是与职业活动紧密联系的符合职业特点要求的道德准则,是道德情操与道德品质的总和。它既是对本职人员在职业活动中的行为要求,又是职业对社会所承担的道德责任与义务,是社会道德在职业生活中的具体化。职业道德的形式因行业而异,任何职业道德的适用范围都是特定的。

商业从业人员的职业道德主要体现在:爱岗敬业,忠实履行岗位职责,真心实意为顾客服务,刻苦钻研业务,自尊自强,努力做好本职工作;诚实守信,货真价实,讲求信誉;为顾客创造整洁优美的环境,精神饱满,举止文明,服务规范,实事求是,切实维护消费者利益;适时、适度、适人服务。

2. 职业道德的特征

职业道德的特征具体表现在:职业道德的行业性和多样性;职业道德的继承性和稳定性;职业道德的自律性和他律性;职业道待的实践性和实用性。

3. 职业道德的作用

职业道德是社会道德体系的重要组成部分,它一方面具有社会道德的一般作用,另一方面又具有自身的特殊作用,具体表现在:调节职业交往中从业人员内部以及从业人员与服务对象间的关系;提高从业人员的职业素质;维护和提高本行业的信誉;有效促进企业文化建设;推动和提高全社会的道德水平。

二、营业员职业守则

1. 遵纪守法,爱岗敬业

遵纪守法就是遵守国家制定的各种法律、法规,遵守各行业、各部门制定的一系列规章制度,这是商业企业基本的道德品质要求。爱岗敬业要求每个商业从业人员在从业过程中要热爱本职工作,体现敬业奉献的职业精神。爱岗敬业是相辅相成、相互支持的。爱岗是敬业的前提,敬业是爱岗的进一步升华。要达到爱岗敬业的职业道德要求,应做到以下三点:一是要有献身事业的思想意识;二是爱岗敬业要贯穿工作的每一天;三是要忠于职守。忠于职守是爱岗敬业的具体体现。

2. 尊重顾客,用心服务

营业员代表着企业的整体形象,不仅承担单纯性的销售工作,还包括提供优质的服务。优质服务包括尊重顾客和用心服务。尊重顾客是正常进行商业活动的起码条件,营业员应始终坚持并贯彻"顾客就是上帝"的原则,树立良好的职业形象,培养良好的气质和亲和力。用心服务体现在接待顾客中,就是要做到主动、礼貌、热情、耐心、周到;还体现在对顾客不品头论足、不以貌取人、一视同仁,对有特殊需求的顾客更要用心服务。

3. 真诚守信,文明经商

真诚守信、文明经商,自觉维护消费者权益,是广大消费者对商业企业的基本要求。真诚守信是为人处世的基本准则,是一个人能在社会活动中安身立命之根本。真诚是指一个人在社会交往中能讲真话,实事求是;守信就是讲信用,讲信誉,信守诺言。文明经商体现了城市的文明形象，要求营业员要精心布置店面或营业台，保持干净、整洁、主题突出的营业环境，在工作中举止高雅、用语文明、服务专业，在顾客面前树立一个亲和力强、专业素质高的良好印象。

仿真训练

一、单项选择题（请将正确选项的代号填入题内的括号中）

1. 职业道德就是与（　　）紧密联系的符合职业特点所要求的道德准则。
A. 职业活动　B. 商业企业　C. 营业员　D. 消费者
2. 职业道德是以（　　）为标准进行评价的心理意识、行为原则和行为规范的总和。
A. 得失　B. 是否合理　C. 善恶　D. 是否合法
3. 下列选项中，（　　）不属于商业从业人员的职业道德表现。
A. 刻苦钻研业务，自尊自强，努力做好本职工作
B. 精神饱满，举止文明，服务规范，实事求是，切实维护消费者利益
C. 崇尚科学，破除迷信，尊重知识，远离愚昧
D. 诚实守信，货真价实，讲求信誉
4. 从业者通过学习和修养，一旦形成良好的职业道德品质，这种“品质”一般不会轻易改变，会成为自己的职业行为，并影响他人的职业行为，这是职业道德的（　　）特征。
A. 他律性　B. 稳定性　C. 自律性　D. 实践性
5. 职业道德的显著特征是（　　）。
A. 约束性　B. 控制性　C. 他律性　D. 自律性
6. 下列不属于职业道德调整的关系的是（　　）。
A. 从事同一职业人们的内部关系　B. 从事同一职业人们的外部关系
C. 同所接触对象之间的关系　D. 本职业集团内部的关系
7. 下面不属于职业道德调节经营活动的关系的是（　　）。
A. 原告与被告之间的关系　B. 企业与从业人员之间的关系
C. 企业与生产厂家之间的关系　D. 从业人员与消费者之间的关系
8. 爱岗敬业是每个商业从业人员必须遵循的基本（　　）规范。
A. 道德　B. 法律　C. 社会　D. 企业
9. 下列关于爱岗的说法中正确的是（　　）。
A. 依法经营　B. 干一行，爱一行，专一行
C. 办事公道　D. 公正透明
10. 下列不属于对营业员“形象的塑造”要求的是（　　）。
A. 仪容端庄　B. 装扮得体　C. 自然大方　D. 遵纪守法
11. 下列关于“主动服务”表述错误的是（　　）。
A. 主动招呼　B. 主动询问　C. 文明经商　D. 主动当参谋
12. （　　）是一个城市文明的窗口行业。
A. 畜牧业　B. 农业　C. 工业　D. 商业
13. 下列选项中，（　　）不属于文明经商的范畴。
A. 文明用语　B. 保持干净、整洁的营业环境
C. 举止高雅　D. 专业素养缺乏

二、多项选择题(请将正确选项的代号填入题内的括号中)

1. 下列达到“敬业”的职业道德要求的是(　　)。
   A. 忠实履行岗位职责　　B. 信守承诺
   C. 礼貌待客　　D. 真心实意为顾客服务
   E. 买卖公平
2. 下列属于职业道德特征的是(　　)。
   A. 继承性　　B. 多样性　　C. 调节性　　D. 实践性
   E. 实用性
3. 职业道德具有自身的特殊作用,具体表现在(　　)。
   A. 调节从业人员内部的关系　　B. 提高劳动者的职业素质
   C. 维护和提高本行业的信誉　　D. 促进企业文化建设
   E. 提高全社会的道德水平
4. 爱岗敬业应做到(　　)。
   A. 要有献身事业的思想意识　　B. 从兴趣出发
   C. 贯穿工作的每一天　　D. 促进全面发展
   E. 忠于职守
5. 对顾客用心服务的态度体现在(　　)。
   A. 主动　　B. 礼貌　　C. 热情　　D. 耐心
   E. 周到
6. 下列关于“真诚”表述正确的有(　　)。
   A. 讲真话　　B. 不篡改事实　　C. 实事求是　　D. 礼貌待客
   E. 爱岗敬业

三、判断题(对的画“√”,错的画“×”)

(　　)1. 职业道德仅仅是对本职人员在职业活动中的行为要求。
(　　)2. 他律性即具有舆论影响的特征。
(　　)3. 职业道德只对本行业的发展有促进作用,与全社会道德水平的提高无关。
(　　)4. 遵纪守法不是商业职业道德品质的基本要求。
(　　)5. 营业员的形象、气质和亲和力不是都可以通过后天培养的。
(　　)6. 守信是一种做人的品质,但答应了别人的事也不是都要去做。

参考答案

一、单项选择题

1. A　2. C　3. C　4. B　5. D　6. B　7. A　8. A　9. B　10. D
11. C　12. D　13. D

二、多项选择题

1. ABCDE　2. ABDE　3. ABCDE　4. ACE　5. ABCDE
6. ABC

三、判断题

1. ×　2. √　3. ×　4. ×　5. ×　6. ×

第二单元　基础知识

学习目标

（1）掌握商业企业经营的相关知识。
（2）熟悉售货服务的基本知识。
（3）掌握结算的相关知识。
（4）掌握各类突发事件的处理方法。
（5）熟悉相关的法律法规知识。

考核要点

考核类别	考核范围	考　核　点	重要程度
基础知识	商业企业基本知识	商品采购的概念	★★★
		商品采购的原则	★★★
		商品采购的渠道	★★★
		商品采购的形式	★★★
		商品销售的含义	★★★
		商品销售的作用	★★★
		商品销售的原则	★★★
		柜台售货方式	★★★
		敞开式售货方式	★★★
		自选式售货方式	★★★
		展览销售方式	★★★
		邮寄销售方式	★★★
		自动售货方式	★★★
		网上销售方式	★★★
		流动销售方式	★★★
		直销方式	★★★
		代批代销方式	★★★
		经销方式	★★★
		商品销售的策略	★★★
		开拓市场的销售策略	★★★
		商业企业促销	★★★

续表

考核类别	考核范围	考　核　点	重要程度
基础知识	商业企业基本知识	商品储存的含义	★★★
		商品合理储存的要求	★★★
		商品保管与养护	★★★
		对纺织品质量的基本要求	★★
		商品检验的相关知识	★★
		售货的基本流程	★★
		营业员的接待礼仪与接待语言	★★
		商品陈列的方法	★★★
		银行卡	★★
		收银 POS 机	★★★
		金融 POS 机	★★★
	商业企业生产安全相关知识	各类突发事件的处理方法	★★★
	相关法律法规知识	《中华人民共和国劳动法》的相关知识	★
		《中华人民共和国消费者权益保护法》的相关知识	★★★
		《中华人民共和国反不正当竞争法》的相关知识	★★
		《中华人民共和国广告法》的相关知识	★★★
		《中华人民共和国产品质量法》的相关知识	★★★
		《中华人民共和国价格法》的相关知识	★★★
		《中华人民共和国食品安全法》的相关知识	★★
		《中华人民共和国票据法》的相关知识	★★
		《中华人民共和国劳动合同法》的相关知识	★★★
		《中华人民共和国商标法》的相关知识	★★★
		《中华人民共和国物权法》的相关知识	★★

知识网络

本单元对营业员涉及的基础知识进行了概述，为方便考生从整体上理解和掌握本单元知识，现将本单元涉及的考核要点以网络图的形式表达如下：

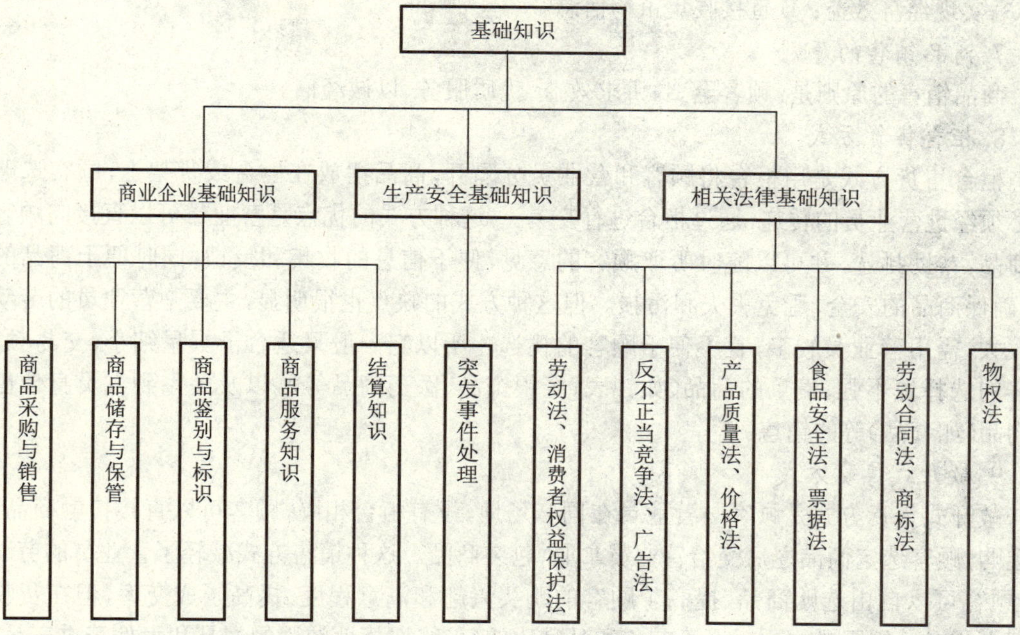

考点导航

一、商业企业基本知识

1. 商品采购的概念

商品采购是商业企业在对市场进行调查研究的基础上，为适应消费者需求，向生产企业或其他商业企业购买商品的一种经营活动，是商业企业经营活动的起点、必要前提和重要物质基础。做好商品采购工作，有利于提高企业销售工作质量、提高企业经济效益、满足消费者消费需求、保护消费者权益、树立商品特色和竞争优势。

2. 商品采购的原则

商品采购要遵循“五不”、“五权分离”、“六优选”和适价、适质、适时、适量、适地的“五 R”原则。

3. 商品采购的渠道

本地批发企业为主要采购渠道，外地批发企业为辅助采购渠道，生产企业为重要采购渠道。

4. 商品采购的形式

商品采购形式按采购方法可分为计划采购、合同订购、自由选购、代批代销、工商联营联销和来自国外进口 6 种；按采购组织形式可分为集中采购、分散采购、集中采购与分散采购结合和联购分销 4 种；按是否取得商品所有权可分为经销、代销和总代理 3 种。

5. 商品销售的含义

商品销售是商品所有者通过商品货币关系向货币所有者让渡商品的经济活动，是商品流通企业经营的中心环节，也是实现社会再生产的必要条件。

6. 商品销售的作用

商品销售的作用有：① 满足人民群众日益增长的物质文化生活的需求；② 促进生产发

展;③ 实现经济效益;④ 直接收集市场信息。

7. 商品销售的原则

商品销售的原则是:顾客至上、讲求效益、优质服务、以诚经商。

8. 柜台售货方式

柜台售货方式是用柜台将顾客和营业员分隔开,商品摆放在柜台或货架上,顾客选购商品必须经过营业员的传递,通过柜台进行交易。 这种方式的优点是营业员可以直接向顾客介绍商品,帮助挑选,并可以随时听取顾客的意见,便于信息的收集和反馈;同时便于商品的保管,确保商品的安全,避免丢失和污损。但这种方式的缺点也很明显,主要是营业员的劳动强度较大,需用营业员较多,且不便于顾客的挑选。所以它一般只适合于零星细小、交易频繁、顾客的选择性不强、贵重的商品(如钟表、金银饰品、医药商品等),以及关系到人员身体健康的物品(如食品)等的销售。

9. 敞开式售货方式

敞开式售货方式是顾客与营业员在同一场地,没有柜台相隔,顾客可以直接接触商品、自由选购,顾客选定商品之后交给营业员拿取、包装商品。这种销售方式减轻了营业员的劳动强度,顾客可以自由选购商品,提高了顾客的购买兴趣和满意程度,提高了成交率,但在货物的管理上相对比较困难。它适合于花色和品种比较复杂、选择性较强的产品和大件笨重产品,如服装、皮鞋、日用百货、食品、冰箱、电视、自行车等。

10. 自选式售货方式

自选式售货方式是由敞开式售货方式发展而来的,货物有外包装,并标明价格,摆放于货架上,由顾客自由选购。营业员的主要工作是解答顾客提出的问题,补充、摆放、看管商品。由顾客自己到电子计算机收款处付款。这种销售方式的优点是营业员较少,劳动强度较小,商品价格便宜,便于顾客挑选;其缺点是对商品的包装、配送、计算机管理方面的要求较高,且在货物的管理上难度很大。

11. 展览销售方式

展览销售方式是通过举办展销会,将商品实物或其他资料如图片等陈列出来,在一定的期限内展览销售。其主要特点是将各种花色、品种的商品集中在专柜陈列展销,并由营业员宣传介绍,解答顾客提出的问题,引导顾客购买并常伴有一定的促销活动。

12. 邮寄销售方式

邮寄销售是专门为外地顾客服务的一种销售方式。消费者可以通过广告或企业寄送的商品目录来了解商品的功能和价格,然后通过电话或邮寄订货单的方式订货,企业以邮寄的方式销售商品。这种方式可以满足不同地区顾客的某些特殊需要。

13. 自动售货方式

自动售货是采用自动售货机出售商品,消费者按价格投币后,商品从机器中自动出售的售货方式。它适用于交易频繁、品种单纯的食品和小商品。这种售货方式能提高售货效率,但出售的商品品种有限,且成本较高,需具备一定的技术条件。

14. 网上销售方式

网上销售是利用互联网,通过网上交易,供货商按照顾客提供的信息将货物送达顾客并办理结算手续的售货方式。目前,随着现代通信与信息技术的发展,网上销售已逐渐成为人们购物的主要方式之一。其优点是手续便捷,顾客坐在家里就可以完成购物过程,但需要较强的技术支持及配送服务。

15. 流动销售方式

流动销售方式是零售企业销售活动的一种补充方式，它不受营业时间、地点的限制，可以深入到居民区、集市等地方，更接近消费者，便于顾客购买。这种销售方式可以是设摊销售、上门推销和设流动售货车等。

16. 直销方式

直销是指生产企业直接指导商品销售给最终的目标市场，而无须通过任何中间商的销售方式。直销可以通过自己设立的专卖店或特许经营连锁专卖店进行，也可以寻找零售商，设立店中店或专柜直销。直销有利于减少销售环节，降低销售价格，并能及时反馈市场信息；但也分散了生产企业的精力，增加了生产企业的投入，不利于社会专业化分工的组织与发展。直销往往被一些专业性很强的生产企业采用或对销售策略有特殊要求时采用。

17. 代批代销方式

代批代销是一种售后办理结算手续的采购方式。这种采购方式比较灵活，它既能帮助生产企业打开销路，又能在节省资金占用的条件下扩大企业经营。但代批代销要本着供销双方自愿和互利的原则，共同协商，签订协议书，明确双方职责，并严格遵照执行。

18. 经销方式

经销是一种商业企业向生产企业买断产品，开展商业经营的销售方式。买断产品经销的实质是供销企业按照各自的市场分工，建立起正常合理、风险共担、利益共享的合作关系。开展规范的经销方式，可以促使商业企业研究市场，慎重进货，努力提高自己的经营与管理水平，提高市场竞争力。而生产企业则可以根据市场需要集中精力提高产品质量，并不断开发新产品，提高产品的市场竞争力，这对于经销双方都有好处。

19. 商品销售的策略

商品销售的策略包括开拓市场策略、市场定时策略、薄利多销策略、拾遗补阙策略、服务销售策略。

20. 开拓市场的销售策略

开拓市场包括开拓原有的商品市场（增加花色品种、规格型号）、开拓新产品市场、开拓销售市场和开拓服务领域。

21. 商业企业促销

常见的商业企业促销方式有折扣销售、购物赠券、购物赠现、有奖销售、积分返利、会员折扣、限时销售、降价销售、捆绑销售、以旧换新销售。

22. 商品储存的含义

商品储存是指商品在流通过程中的暂时停留，是由商品生产与消费之间的时间矛盾和空间矛盾造成的。商品储存时按照商品流通规律，以保障商品流通的连贯和畅通为基本职能。

23. 商品合理储存的要求

合理储存商品要满足存货数量要适当、存货结构要合理、存货期限要适宜和必须保证商品质量 4 个要求。

24. 商品保管与养护

商品在库保管是仓库管理的中心环节，也是商品储存的经常性业务。为保护商品质量，减少商品损失，商品保管要做好库存商品的数量管理，定期进行盘点，做到账、卡、货相符；对于入库商品，根据不同情况，采用分区分类和货位编号的方法合理安排仓容货位；对于在库商品，在货位规划的基础上，分别采用散堆、堆垛、货架堆码和托盘堆码的方法进行合理堆码。在商品储存期间，要进行经常性的保养和维护工作，以防为主，防治结合，做到掌握商品性能、选择好货位、加强仓库温湿度管理、严格执行商品在库检查、根据商品性能采取防护措施和做好仓库的安全卫生工作，以保证商品的储存安全。

25. 对纺织品质量的基本要求

纺织品是人们日常生活中不可缺少的生活资料，对其质量的基本要求可以概括为5个方面：纤维材料选择的适宜性；织物组织、质量厚度、紧度密度、幅宽匹长等组织结构的合理性；纤维的强度、伸长率、弹性、耐磨性、弹性模量等强度指标的良好力学性能；穿着舒适、美观、大方的良好服用性；便捷的工艺性。

26. 商品检验的相关知识

（1）商品检验的概念及依据。

商品鉴别即商品检验，是指根据商品标准规定的各项指标，运用一定的检验方法和技术，综合评定商品质量优劣、确定商品品级的活动，是对生产企业、商品流通部门、质量监督部门和消费者来说一项十分重要的工作，能有效保证商品质量，提高商业经营管理水平。商品检验是一项科学性、技术性、规范性较强的复杂工作，为使检验结果更具公正性和权威性，必须依据具有法律效力的质量法规、技术指标和购销合同等开展商品检验工作。

（2）商品检验的内容。

商品检验的内容包括5个方面：对进出口和内销商品的外包装、内包装和包装标志，根据购销合同、国家标准和其他有关规定进行包装检验；对商品品质、规格和等级，根据贸易合同、国家标准等规定，运用各种检验手段进行品质检验，即质量检验；对进出口食品是否符合人类食用卫生条件，根据国家卫生标准和卫生管理办法进行卫生检验；对进出口商品有关安全性能方面，根据国家规定和外贸合同、国家标准以及进口国的法令要求进行安全性能检验；对商品的个数、件数、长度、面积、体积、容积和质量进行数量和质量检验。

（3）商品检验的常用鉴别方法。

商品检验的常用鉴别方法有感官鉴别和工具鉴别两种。感官鉴别即感官检验，是根据人的感觉器官对商品的各种质量特征的感觉，经过记录、分析，从而对食品的形状、质量特性和对受众的感觉、嗜好影响等方面做出评价与判断。工具鉴别即理化检验，是借助各种仪器设备或化学试剂来测定和分析商品质量的方法，又可分为物理检验、化学检验和生物学检验。感官鉴别与工具鉴别相比较虽不能检验内在质量，且结果有一定的主观性和片面性，但快速、经济、不需要专门的设备和场地，使用广泛；工具鉴别虽然可以深入分析商品的内在质量，结果客观、精准，但时间长、成本高，需要专门的设备和场地，因而使用较少。

27. 售货的基本流程

营业员销售商品的基本流程包括待机、初步接触、展示与介绍、说明与诱导、成交、收款与付货、送别顾客。每一个环节都紧密结合顾客购买心理活动过程的发展状态，环环相扣。营业员在待机时要做好销售准备工作，注意观察顾客，分析判断其需求；初步接触就是与顾客打招呼，要把握好时机，引起顾客的注意和兴趣；介绍商品要简明扼要、清晰易懂，通过展示商品引发顾客联想，达到多感官刺激购买欲望的目的；在顾客比较和判断时因人而异进一步说明诱导，做到实事求是，突出商品特点，赢得顾客信任；成交是整个销售过程的关键环节，营业员要找准时机促成顾客的购买行动；收款一定要认真，以免出错；送别顾客虽然是交易过程的结束，但不能草率行事，要善始善终，赢得顾客的满意。

28. 营业员的接待礼仪与接待语言

营业员在接待顾客的过程中要有针对性地采取不同的方式区别对待每位消费者，应遵循主动热情、尊重礼貌、真诚守信、善意宽容、细致认真、平等待人6项原则，服务语言要简洁、准确、有礼貌，灵活用好“十四字”和“十二句”文明礼貌用语，做到“五要”、“四不讲”。“五要”即语言要亲切、语气要诚恳、语调要柔和、用语要准确、要讲好普通话；“四不讲”即不讲粗话脏话、不讲讽刺挖苦的话、不讲催促埋怨的话、不讲与营业无关的话。

29. 商品陈列的方法

商品陈列的方法有6种：整齐排列陈列法、不规则陈列法、绕柱陈列法、端架陈列法、岛式陈列法、突出陈列法。整齐排列陈列法是商品陈列中最常用、最规范，也是使用范围最广的陈列方法，操作时要注意选择商品集团，纵向陈列商品，明确商品集团轮廓，突出周转快或利润高的商品；不规则陈列法是给顾客以新奇感觉的陈列方法；绕柱陈列法是充分利用卖场的柱子陈列特价商品，起到促销作用；端架陈列法是把处于商品陈列极佳的黄金位置的端架上的陈列商品经常变化，让顾客从3个方向看到推荐商品，实现促销；岛式陈列法是在卖场进出口处配置一些圆形或方形的陈列展示台，让顾客从4个方向看到商品，突出展示效果；突出陈列法是将商品货架延伸，突出陈列商品，以打破单调感，诱导和招揽顾客。

30. 银行卡

（1）银行卡的分类。

银行卡按照信息存储媒介不同可分为磁性卡和芯片卡；根据清偿方式不同可分为贷记卡、准贷记卡和借记卡；按照结算货币不同可分为外币卡和本币卡；按照账户币种数目可分为单币种信用卡和双币种信用卡；按照信用卡从属关系可分为主卡和附属卡。

（2）银联卡。

中国银联股份有限公司是由全国80多家金融机构共同发起设立的一家股份制金融服务机构，是国内唯一的银行卡联合组织。中国银联的核心业务是建设和运营全国统一的银行卡跨行信息交换网络，负责银行卡跨行交易的信息转接和资金清算。“银联”标志卡可在国内贴有“银联”标志的ATM机上取款、交易、转账和查询，可在贴有“银联”标志的POS机上进行消费使用。

（3）银行卡的功能及特点。

银行卡有6种功能：银行柜台存款、取款、汇款、转账、查询；自助存取款机存款、取款、转账、查询；签约代收、代付、自动转存；商户消费；电话银行、网上银行支付结算；消费信贷。

银行卡具有安全便携、使用广泛、功能齐全、现代时尚、增值服务、信用积累等6个特点。

31. 收银POS机

（1）固定收银POS机。

固定收银POS机也称POS终端，它的硬件基础是通用计算机的基本部件，既有通用接口也有专用接口，管理软件可以根据具体需要进行设置。固定收银POS机具有收款迅速、准确、支持多种付款方式，方便业绩统计、为经营管理服务，结账精确、杜绝舞弊等优点。固定收银POS机主要由主机、操作员显示器、顾客显示器、票据打印机、POS键盘、钱箱等必要配置，以及一些扩展配置如磁卡读写器、IC卡读写器、条形码扫描器等组成。固定收银POS机要定期维护和保养，做到防水、防尘、防油，操作动作要轻，确保电源线固定和安全，不能频繁开机和关机，及时排除一般故障。

（2）移动收银POS机。

移动收银POS机是在客观环境不适宜使用固定收银POS机的情况下,为方便顾客交款而用来收款的设备。移动收银系统是集IC卡读写器、条码扫描器、终端打印机于一体的移动收银终端。它可以实现多种类型卡片的刷卡、红外线扫描、热敏打印、终端收款等功能。它具有方便快捷、留住会员和VIP顾客、功能丰富的优点。移动收银POS机主要由小票打印区、显示屏、电池、条码扫描区、手写笔、机器重启开关、键盘等组成。

32. 金融POS机

金融POS机是安装在特约商户内,为持卡人提供授权、消费、结算等服务的专用银行电子支付设备。金融POS机通过通信线路和收单机构或银联中心相连通,是实现消费不用现金、将纸币交易转化为电子交易的一种银行专用电子支付设备。金融POS机硬件部分由主机部分、密码键盘、电源适配器、打印部分等4个部分构成,形成一个完整的系统。金融POS机的通信连接方式包括有线通信方式、无线通信方式和组网通信方式。为了让金融POS机正常工作,金融POS机设计了若干与外部连接的插口,包括网络插口、电话机插口、密码键盘插口、工作通信插口和电源插口。金融POS机金融类交易是指与资金及授权有关的交易,如消费、消费撤销、结算、退货等。

二、商业企业安全生产相关知识

1. 突发事件的类型与处理原则

商业企业在经营过程中一般会遇到的突发事件主要包括火灾、恶劣天气、人身意外、停电、抢劫、示威或暴力、骚乱、爆炸物和威胁等。处理各类突发事件的原则是:预防为主,计划危险;处理迅速、准确,有重点;以人为先,减少伤亡,降低损失。

2. 突发事件处理小组组成与紧急计划制订

突发事件多属于意外事件,必须预先成立紧急应变小组,对人员进行有组织的分工和训练,真正做到对突发事件有准备有预防,才能在事故发生时迅速、有效且有重点地进行处理工作,把损失降到最低程度。突发事件处理小组岗位分为总指挥、副总指挥、救灾组、人员疏散组、购物抢救组和医务组。

紧急计划是以书面形式制订的防备各种潜在紧急情况发生的预备方案。紧急计划包括紧急小组的成立和人员名单、各个岗位的具体责任和任务、发生各种情况的处理程序、发生紧急事件时可以提供援助的机构或可以求援的机构组织、紧急情况下的通信联系、紧急设备的维护等。

3. 各类突发事件的处理方法

各类突发事件的处理方法包括对火灾、热带风暴等恶劣天气、人身意外事故、营业时间内突然停电、匪徒抢劫收银台、示威或暴力、骚乱和发现可疑物或可疑爆炸物等的处理方法。具体内容请查阅相关教材。

三、相关法律法规知识

1.《中华人民共和国劳动法》的相关知识

《中华人民共和国劳动法》(以下简称“劳动法”)是调整劳动关系以及与劳动关系有密切联系的其他社会关系的法律规范的总称,适用于中华人民共和国境内的用人单位和与之形成劳动关系的劳动者。劳动法规定劳动者和用人单位均享有多项权利,但同时也必须履行法定的各项义务。劳动法规定工资分配应当遵循按劳分配原则,实行同工同酬。国家实行最低工资保障制度，工资应当以货币形式按月支付给劳动者本人。解决劳动争议，应当根据合法、公正、及时处理的原则，依法维护劳动争议当事人的合法权益。用人单位和劳动者发生劳动争议，当事人可以直接依法申请调解、仲裁、提起诉讼，也可以协商解决。

2.《中华人民共和国消费者权益保护法》的相关知识

（1）消费者的概念及权利。

《中华人民共和国消费者权益保护法》（以下简称“消费者权益保护法”）是指调整在保护消费者权益过程中发生的社会关系的法律规范的总称。其中，消费者是指为了满足个人生活消费的需求而购买、使用商品或者接受服务的居民。消费者享有保障安全权、知情权、自主选择权、公平交易权、依法求偿权、依法结社权、获得知识权、受尊重权、监督批评权等9项权利。

（2）经营者的义务。

经营者负有履行法定或约定的义务、听取意见和接受监督的义务、提供安全商品和安全服务的义务、提供真实信息的义务、不作虚假或者引人误解广告宣传的义务、标明名称和标记的义务、出具相应凭证和单据的义务、提供符合要求的商品或服务的义务、承担“三包”责任及其他责任的义务、接受七日内无理由退货的义务、不得作不合理不公平规定的义务、尊重消费者的人身权的义务、向消费者提供完善信息的义务、不得违规收集使用消费者个人信息等14项义务。

（3）消费者权益争议解决的途径。

消费者和经营者发生消费者权益争议，可以通过与经营者协商和解、请求消费者协会调解、向有关行政部门申诉、根据与经营者达成的仲裁协议提请仲裁机构仲裁、向人民法院提起诉讼等途径解决。

3.《中华人民共和国反不正当竞争法》的相关知识

（1）不正当竞争的概念及种类。

《中华人民共和国反不正当竞争法》（以下简称“反不正当竞争法”）是调整在制止不正当竞争行为过程中发生的经济关系的法律规范的总称。其中，不正当竞争是指经营者违反反不正当竞争法的规定，损害其他经营者的合法权益，扰乱社会经济秩序的行为。它具有行为主体是经营者、行为是违法的、行为侵害客体是其他经营者的合法权益和正常的社会经济秩序等特征。不正当竞争行为的种类有假冒或仿冒行为、限购排挤行为、滥用行政权力行为、商业贿赂行为、引人误解的虚假广告宣传行为、侵犯商业秘密行为、降价排挤行为、搭售或者附加不合理条件行为、不正当的有奖销售行为、诋毁他人商誉行为和通谋投标行为等11种。

（2）违反反不正当竞争法的法律责任。

违反反不正当竞争法，经营者应承担的法律责任包括：给被侵害的经营者造成损害的，应承担损害赔偿责任；有假冒或仿冒行为的，应停止违法行为，没收违法所得并酌情进行处罚，构成犯罪的依法追究其刑事责任；有商业贿赂行为且构成犯罪的，依法追究其刑事责任，不构成犯罪的酌情处罚；有限购排挤行为的，应停止违法行为并酌情罚款；有虚假广告宣传行为、侵害商业秘密行为和串通投标行为的，应停止违法行为并酌情罚款。

4.《中华人民共和国广告法》的相关知识

（1）《中华人民共和国广告法》的调整对象、适用范围和基本原则。

《中华人民共和国广告法》（以下简称“广告法”）是调整在广告活动过程中所发生的各种社会关系的法律规范的总称。广告法的调整对象是商业广告，适用范围是中华人民共和国境内从事广告活动的广告主、广告经营者、广告发布者。基本原则是真实性、合法性和文明性。

(2)广告准则及违反广告法的民事法律责任。

广告法对于商业广告在内容及形式上都做出了明确的限制性规定,分为广告的一般准则和特殊商品广告准则。违反广告法规定的相关准则,由广告主依法承担民事责任。若广告经营者和发布者明知违法仍设计制作和发布的,依法承担连带责任;不能提供广告主的真实名称和地址的,应承担全部民事责任。

5.《中华人民共和国产品质量法》的相关知识

(1)适用范围及产品质量的监督管理。

《中华人民共和国产品质量法》(以下简称"产品质量法")是调整在生产、流通和消费过程中因产品质量所发生的经济关系的法律规范的总称。其适用范围是在中华人民共和国境内从事产品生产、销售活动的生产者、销售者,调整的产品范围是经过加工、制作,用于销售的产品。我国对于产品质量的管理体制包括不同层次和任务的产品质量监督管理部门,对于产品质量实行以抽查为主要方式的监督检查制度。

(2)销售者的产品质量责任和义务。

销售者应当建立并执行进货检查验收制度;采取措施保证销售产品的质量;不得销售国家明令淘汰并禁止销售的产品和失效、变质的产品;销售的产品标志应当符合关于产品或者包装上的标志的规定;不得伪造产地,不得伪造或者冒用他人的厂名、厂址;不得伪造或者冒用质量标志;销售产品不得掺杂、掺假,以不合格产品冒充合格产品。

(3)损害赔偿。

损害赔偿分为生产者的损害赔偿责任和销售者的损害赔偿责任。因产品质量发生损害时,受害人可以向生产者或销售者要求赔偿,任何一方都不得拒绝受害人的赔偿请求。如果进行替代赔偿后,无责任一方可以向另一方进行追偿。产品质量法对损害赔偿的范围和产品质量纠纷的处理进行了明确的规定。

(4)违反产品质量法的行政责任和刑事责任。

生产、销售不符合保障人体健康和人身、财产安全的国家标准、行业标准的产品的,责令停止生产销售,没收违法生产、销售的产品,并酌情进行处罚,构成犯罪的依法追究刑事责任;在产品中掺杂、掺假,以不合格产品冒充合格产品的,责令停止生产、销售,没收违法生产、销售的产品,并酌情进行处罚,构成犯罪的依法追究刑事责任;生产、销售国家明令淘汰或者禁止销售的产品的,责令停止生产、销售;伪造产品产地、伪造或者冒用他人厂名与厂址、伪造或者冒用认证标志等质量标志的,责令改正,没收违法生产、销售的产品,并酌情进行处罚;销售失效、变质产品的,责令停止销售,没收违法销售的产品,并酌情进行处罚,构成犯罪的依法追究刑事责任;社会团体、社会中介机构对产品质量做出承诺、保证,而该产品又不符合其承诺、保证的质量要求,给消费者造成损失的,与产品的生产者、销售者承担连带责任。

6.《中华人民共和国价格法》的相关知识

(1)适用范围及价格的基本形式。

《中华人民共和国价格法》(以下简称"价格法")是国家用来调整经济活动中产生的价格关系的法律规范的总称,适用于在中华人民共和国境内发生的价格行为,其所指的价格包括商品价格和服务价格。价格法按照定价主体和价格形成的途径不同,将定价形式分为市场调节价、政府指导价和政府定价 3 种。

(2)经营者的价格权利和义务与我国的价格管理体制。

经营者进行价格活动时享有一定权利,并应履行相应义务,不得从事不正当价格行为。我国价格管理体制明确规定国务院价格主管部门统一负责全国的价格工作，县级以上地方各级人民政府价格主管部门负责本行政区域内的价格工作，价格监督检查的执法主体是县级以上各级人民政府的价格主管部门。

(3)经营者违反价格法的法律责任。

根据价格法和《价格违法行为行政处罚规定》，违反价格法的法律责任主要是施行行政处罚。

7.《中华人民共和国食品安全法》的相关知识

《中华人民共和国食品安全法》(以下简称“食品安全法”)是调整国家对食品安全进行监督管理及食品的生产经营过程中形成的社会关系的法律规范的总称，适用于一切食品、食品添加剂、食品容器、包装材料和食品用工具设备，也适用于食品的生产经营场所、设施和有关环境。其关于食品生产经营规定应当符合食品安全标准，不得生产禁止生产经营的食品。食品安全卫生管理规定各级人民政府的食品卫生管理部门负责本辖区食品卫生管理；食品生产经营人员每年必须进行健康检查；国家对食品生产经营实行许可制度；国家建立食品召回制度。

8.《中华人民共和国票据法》的相关知识

(1)票据的相关知识。

《中华人民共和国票据法》(以下简称“票据法”)是规定票据制度、调整因票据活动而产生的各种社会关系的法律规范的总称。其中，票据是出票人依法签发的，约定由自己或指定他人在一定时间、地点按票面所载文义无条件支付一定金额的有价证券。票据具有有价证券、设权证券、无因证券、要式证券、文义证券、债券证券和流通证券等法律特征，其作用主要有支付、结算、信用、融资和流通。我国票据法所称票据是指汇票、本票和支票。

(2)票据的法律责任。

票据的法律责任分为票据欺诈行为的法律责任、金融机构工作人员违法行为的法律责任和票据付款人违法行为的法律责任。

9.《中华人民共和国劳动合同法》的相关知识

(1)劳动合同的订立。

《中华人民共和国劳动合同法》(以下简称“劳动合同法”)是调整劳动合同双方当事人权利和义务关系的法律规范，适用于企业、个体经济组织、民办非企业单位等组织和国家机关、事业单位、社会团体及与其建立劳动关系的劳动者。劳动合同是市场经济体制下用人单位与劳动者进行双向选择、确定劳动关系、明确双方权利和义务的协议。订立劳动合同应当遵循平等自愿、协商一致、公平、诚实守信的原则。劳动合同的期限包括固定期限和无固定期限；内容包括必备条款和约定条款；试用期包含在劳动合同期限内。某些情况下劳动合同无效，应由劳动争议仲裁委员会或者人民法院确认。

(2)劳动合同的解除。

解除劳动合同分为两种情况：一种是协商解除劳动合同；另一种是符合法定条件解除合同，包括用人单位解除合同和劳动者解除合同两种情况。

10.《中华人民共和国商标法》的相关知识

(1)商标及商标权。

《中华人民共和国商标法》(以下简称“商标法”)是指调整商标在注册、使用、管理和保护过程中所发生的社会关系的法律规范的总称。商标法的核心是保护商标专用权，其中商标是具有显著特征的标志，包括商品商标、服务商标、集体商标和证明商标。商标权是商标注册人或权利继承人在法定期限内对注册商标依法享有各种权利的总称，包括独占权、许可使用权、转让权和续展权等。

（2）商标注册。

商标注册申请应具备的条件有：商标必须具备法定的构成要素，具有显著特征，某些标志不得作为商标使用，某些标志不得作为商标注册。注册商标的有效期为10年，期满如需继续使用，应在期满前6个月内申请续展注册，每次续展有效期为10年。

（3）注册商标专用权的保护。

注册商标的专用权以核准注册的商标和核定使用的商品为限。商标侵权行为的表现有：未经商标注册人的许可在同一种商品或者类似商品上使用与其注册商标相同或者近似的商标；销售侵权注册商标专用权的商品；伪造、擅自制造他人注册商标标志或者销售伪造、擅自制造的注册商标标志；未经商标注册人同意更换其注册商标并将该更换商标的商品又投入市场；给他人的注册商标专用权造成其他损害。

11.《中华人民共和国物权法》的相关知识

（1）调整范围及基本原则。

《中华人民共和国物权法》（以下简称“物权法”）是调整平等主体之间的财产关系的法律规范。其调整的物的范围包括不动产和动产，调整的物权范围包括所有权、用益物权和担保物权。物权法的基本原则有平等保护原则、物权法定原则、物权的行使不得妨害公共利益和他人利益的原则、物权公示原则和物权公信原则。

（2）物权的保护。

物权法对物权保护方式作了相关规定，每种方式可以单独适用，也可以根据权利被侵害的情形合并适用。

仿真训练

一、单项选择题（请将正确选项的代号填入题内的括号中）

1. 下列关于商品采购的说法错误的是（　　）。

A. 商品采购是业务活动的重要组成部分　　B. 商品采购是经营活动的物质基础

C. 商品采购是文明经商的基础　　D. 商品采购是经营决策的关键

2. 商业企业经营活动的起点是（　　）。

A. 办理营业执照　　B. 组织客源　　C. 推销商品　　D. 商品采购

3. 下面（　　）原则不属于商品采购“5R”原则。

A. 适价　　B. 适地　　C. 适用　　D. 适质

4.（　　）永远是采购活动关注的焦点。

A. 质量　　B. 交货时间　　C. 距离　　D. 价格

5. 商品采购的主要渠道是（　　）。

A. 本地批发企业　　B. 生产企业　　C. 批发交易市场　　D. 商品配送中心

6.（　　）是采购的辅助渠道。

A. 商品配送中心　　B. 生产企业　　C. 本地批发企业　　D. 外地批发企业

7. 适用于统一领导、分组管理形式的采购方式是（　　）。

A. 集中采购　　B. 分散采购

C. 集中采购与分散采购　　　　　　　　D. 联购分销

8. 分散采购的优点是（　　）。

A. 统一使用资金　　B. 进销合一　　C. 减轻班组负担　　D. 节省库存开支

9. 商品（　　）是商品流通企业经营的中心环节。

A. 购进　　B. 销售　　C. 运输　　D. 储存

10. 商品销售是商品所有者通过商品货币关系向货币所有者（　　）商品的经济活动。

A. 让步　　B. 出让　　C. 让渡　　D. 出清

11. 商品销售顺畅与否对于实现个人、企业、国家三方面的（　　）利益具有重要意义。

A. 政治　　B. 集体　　C. 物质　　D. 经济

12. 企业在经营活动中必须树立以（　　）为中心的经营观念。

A. 消费者　　B. 质量　　C. 服务　　D. 效益

13. 用柜台将顾客和营业员分隔开进行售货的方式称为（　　）。

A. 展览销售　　B. 敞开式售货　　C. 柜台售货　　D. 自选式售货

14. 柜台售货的缺点是（　　）。

A. 劳动强度大　　B. 不便于商品保管　　C. 不能帮助顾客挑选　　D. 不便于收集信息

15. 敞开式售货方式不适用于（　　）商品的销售。

A. 花色、品种比较复杂　　　　B. 贵重

C. 大件笨重　　　　D. 选择性较强

16. 敞开式售货方式的缺点是（　　）。

A. 增加了营业员的劳动强度　　　　B. 顾客不可以自由选择商品

C. 降低了成交率　　　　D. 不便于商品保管

17. 采取自选式售货方式的商场，其营业员主要的工作不包括（　　）。

A. 解答顾客的问题　　B. 补充商品　　C. 看管商品　　D. 收取货款

18. 自选式售货方式的缺点是（　　）。

A. 不利于商品的安全管理　　　　B. 需要的营业员人数多

C. 增加了营业员的劳动强度　　　　D. 顾客不可以自由选择商品

19. 展览销售是通过举办（　　），将商品实物或其他资料等陈列出来。

A. 展览会　　B. 展销会　　C. 订货会　　D. 计划会

20. 通过举办展销会，将商品实物或其他资料等陈列出来，在一定的期限内展览销售的售货方式是（　　）。

A. 柜台售货　　B. 敞开式售货　　C. 自选式售货　　D. 展览销售

21.（　　）是专门为外地顾客服务的一种销售方式。

A. 流动销售　　B. 展览销售　　C. 邮寄销售　　D. 直销

22. 采用邮寄销售方式，消费者可以通过广告或企业寄送的（　　）来了解商品的功能和价格。

A. 商品目录　　B. 价目表　　C. 调价单　　D. 发票

23. 自动售货机的特点不包括（　　）。

A. 提高售货效率　　　　B. 成本较高

C. 技术条件要求高　　　　D. 直接向顾客介绍商品

24. 自动售货适用于交易频繁、品种单纯的（　　）和小商品。

A. 小家电　　B. 食品　　C. 小百货　　D. 小玩具

25. 网上销售是通过网上交易,(　　)按照顾客提供的信息将货物送达并办理结算手续的售货方式。

A. 营业员　　B. 采购员　　C. 供货商　　D. 渠道商

26. 随着现代通信与(　　)的发展,网上销售已逐渐成为人们购物的主要方式之一。

A. 广播广告　　B. 电视广告　　C. 媒体广告　　D. 信息技术

27. 根据商品销售活动的地点与形式划分的销售方式不包括(　　)。

A. 直销　　B. 邮寄销售　　C. 柜台销售　　D. 自动售货

28. 流动销售方式是零售企业销售活动的一种(　　)。

A. 主要方式　　B. 重要方式　　C. 补充方式　　D. 一般方式

29. (　　)是生产企业直接指导商品销售给最终的目标市场,无须通过任何中间商的销售方式。

A. 经销　　B. 代销　　C. 直销　　D. 联营

30. 直销不利于(　　)。

A. 减少销售环节　　B. 降低销售价格

C. 及时反馈市场信息　　D. 社会专业化分工的组织与发展

31. (　　)是一种售后办理结算手续的采购方式。

A. 直销　　B. 代批代销　　C. 经销　　D. 流动销售

32. 代批代销是要本着供销双方(　　)的原则,共同协商,签订协议书,明确双方职责,并严格遵照执行。

A. 自愿　　B. 互利　　C. 自愿和互利　　D. 互惠

33. 经销是一种商业企业向(　　)买断产品,开展商业经营的销售方式。

A. 批发企业　　B. 零售企业　　C. 购物中心　　D. 生产企业

34. 开展规范的经销方式,可以促使(　　)研究市场,慎重进货,努力提高自己的经营与管理水平,提高市场竞争力。

A. 配送中心　　B. 工业企业　　C. 商业企业　　D. 交通运输企业

35. 销售与(　　)相比,服务是第一位的。

A. 利润　　B. 服务　　C. 购进　　D. 储存

36. 优质服务和(　　)服务已成为企业在市场竞争中取胜的法宝。

A. 售前　　B. 售后　　C. 售中　　D. 特色

37. 开拓市场包括开拓原有的商品市场,即增加花色品种和(　　)。

A. 规格型号　　B. 性能　　C. 特点　　D. 替代品

38. 开拓市场不包括开拓(　　)。

A. 原有的商品市场　　B. 销售市场　　C. 国际市场　　D. 服务领域

39. 商业企业促销活动不包括(　　)。

A. 折扣销售　　B. 有奖销售　　C. 限时销售　　D. 先进先出

40. 下列选项中,(　　)属于商业企业的促销活动。

A. 积分返利　　B. 储存保销　　C. 自动售货　　D. 以销定进

41. 商品储存是由(　　)因素决定的。

A. 采购　　B. 消费　　C. 降价　　D. 服务

42. 商品的合理储存要求存货(　　)要适当。

A. 金额　　B. 数量　　C. 价值　　D. 销量

43. 商品的合理储存要求必须保证(　　)。

A. 商品质量　　B. 商品寿命　　C. 商品外形完整　　D. 商品数量

44. 下列关于堆码商品表述正确的是(　　)。

A. 按销售需求堆码商品　　B. 按地点堆码商品

C. 按货位规划堆码商品　　D. 按时间堆码商品

45. 商品养护的要求不包括(　　)。

A. 掌握商品性能　　B. 存货结构合理　　C. 选择好货位　　D. 加强温湿度管理

46. 纺织品的基本性能及外观特征是由(　　)决定。

A. 纤维材料　　B. 产品质量等级　　C. 产品型号和规格　　D. 工艺方法

47. 商品检验的依据不包括(　　)。

A. 商品质量法规　　B. 商品品质规定　　C. 技术标准　　D. 购销合同

48. (　　)检验法不属于商品检验的方法。

A. 感官　　B. 理化　　C. 质量　　D. 生物学

49. (　　)是整个销售过程中的关键性环节。

A. 展示　　B. 介绍　　C. 说明　　D. 成交

50. 下列选项中,(　　)不是成熟的成交时机。

A. 顾客触摸商品时　　B. 顾客反复问同样的问题

C. 顾客表现出若有所思的神态　　D. 顾客不再继续发问时

51. 关于主动服务表述错误的是(　　)。

A. 主动打招呼　　B. 主动询问　　C. 文明经商　　D. 主动当参谋

52. 营业员在接待顾客时,下列表述错误的是(　　)。

A. 对顾客不品头论足　　B. 以貌取人

C. 对顾客一视同仁　　D. 对顾客主动热情

53. 下列关于整齐排列陈列法表述错误的是(　　)。

A. 选择商品集团　　B. 明确商品集团轮廓

C. 商品横向陈列　　D. 突出周转快或利润高的商品

54. 下列关于突出陈列法表述错误的是(　　)。

A. 将商品货架延伸

B. 将中央陈列架下层的隔板做成一个突出的延伸板

C. 在地面设一个突出的台

D. 商品纵向陈列

55. 中国建设银行的银行卡名称是(　　)。

A. 长城卡　　B. 牡丹卡　　C. 龙卡　　D. 东方卡

56. 太平洋卡的发卡银行是(　　)。

A. 招商银行　　B. 中信银行　　C. 浦发银行　　D. 交通银行

57. 下列关于收银 POS 机的描述错误的是(　　)。

A. 收款迅速、准确　　B. 支持多种付款方式　　C. 方便业绩统计　　D. 减少舞弊

58. 下列选项中,(　　)不是收银 POS 机的必要配置。

A. IC 卡读写器　　B. 客户显示器　　C. 控制锁　　D. 钱箱

59. 下列关于金融 POS 机通信插口描述错误的是(　　)。

A. 电话线插口用于连接电话机　　B. 网络插口用于连接商户局域网络

C. 密码键盘插口用于连接密码键盘　　D. 通信插口由维护人员维护时使用

60. 下列关于金融 POS 机的主机部分描述错误的是(　　)。

A. 液晶显示面板用于显示金融 POS 机的操作信息

B. 刷卡槽用于读取磁条卡信息

C. 读卡口用于读取 IC 卡信息

D. 通信插口用于连接内部设备或者通信线路

61. 当发现可疑物或可疑爆炸物时，营业员处理的第一步是(　　)。

A. 疏散店内人员和顾客　　B. 立即汇报管理层

C. 立即打“110”报警　　D. 划出警戒线，不许人员接近

62. 火灾有一般火灾和重大火灾之分，根据实际情况，一般定为(　　)火警级别。

A. 3 个　　B. 4 个　　C. 5 个　　D. 2 个

63. (　　)是处理劳动争议的最后一道程序。

A. 诉讼　　B. 仲裁　　C. 调解　　D. 复议

64. 对仲裁裁决不服的，自收到裁决书之日起(　　)内，可以向人民法院提起诉讼。

A. 7 日　　B. 1 个月　　C. 15 日　　D. 3 个月

65. 下列关于消费者自主选择权的说法错误的是(　　)。

A. 消费者有权自主选择提供商品

B. 消费者自主选择商品品种或者服务方式

C. 消费者自主决定购买或者不购买任何一种商品

D. 消费者有权挑选，但无权鉴别

66. 消费者有权拒绝经营者的(　　)交易行为。

A. 选择　　B. 推销　　C. 强制　　D. 诱导

67. 限制外地商品进入本地市场属于(　　)行为。

A. 限购排挤　　B. 滥用行政权力　　C. 诋毁商誉　　D. 通谋投标

68. 下列关于不正当竞争行为表述错误的是(　　)。

A. 销售鲜活商品　　B. 处理有效期限即将到期的商品

C. 账外回扣　　D. 处理积压的商品

69. 下列情形可以出现在广告中的是(　　)。

A. 国徽　　B. 厂徽　　C. 国旗　　D. 国歌

70. 我国的广告法不适用于(　　)。

A. 广告主　　B. 广告经营者　　C. 广告发布者　　D. 公益广告

71. 因产品存在缺陷造成损害要求赔偿的诉讼时效期为(　　)。

A. 1 年　　B. 2 年　　C. 5 年　　D. 10 年

72. 我国对于产品质量的管理体制包括不同层次和任务的(　　)。

A. 生产部门　　B. 采购部门

C. 销售部门　　D. 产品质量监督管理部门

73. 下列不属于政府定价的是(　　)。

A. 资源稀缺的少数商品　　B. 垄断经营的商品

C. 重要的公用事业 D. 重要的公益性服务

74. 若经营者不执行政府指导价、政府定价，责令其改正，没收违法所得，可以并处违法所得(　　)以下的罚款。

A. 2 倍 B. 3 倍 C. 4 倍 D. 5 倍

75. 食品进出货查验记录保存期限不得少于(　　)。

A. 6 个月 B. 1 年 C. 2 年 D. 5 年

76. 食品摊贩、加工食品的个体工商户和城乡集市贸易食品经营者的管理办法由(　　)人大制定。

A. 国家级 B. 省级 C. 市级 D. 县级

77. (　　)证券不属于票据的法律特征。

A. 结算 B. 有价 C. 无因 D. 要式

78. 汇票上可以不记载的规定事项是(　　)。

A. 付款人名称 B. 出票人签章 C. 收款人账号 D. 付款人名称

79. 劳动合同期限在 3 个月以上不满 1 年的，试用期不得超过(　　)。

A. 1 个月 B. 2 个月 C. 3 个月 D. 4 个月

80. 已建立劳动关系，未同时订立书面劳动合同的，应当自用工之日起(　　)内订立书面劳动合同。

A. 1 周 B. 15 天 C. 1 个月 D. 2 个月

81. 注册商标的有效期为(　　)。

A. 10 年 B. 20 年 C. 50 年 D. 70 年

82. 我国商标法的核心是(　　)。

A. 转让权 B. 许可使用权 C. 续展权 D. 商标专用权

83. 下列选项中，(　　)不是不动产。

A. 土地 B. 房屋 C. 汽车 D. 林木

84. 我国的物权法有(　　)基本原则。

A. 3 项 B. 4 项 C. 5 项 D. 6 项

二、多项选择题(请将正确选项的代号填入题内的括号中)

1. 商品流通企业经营的业务环节包括商品(　　)。

A. 购进 B. 运输 C. 储存 D. 销售

E. 盘点

2. 商品采购的“五不”原则包括(　　)。

A. 无计划不采购 B.“三无”产品不采购

C. 名称规格不符不采购 D. 无资金来源不采购

E. 库存已超储积压的物资不采购

3. 选择商品采购渠道的原则包括(　　)。

A. 环节少 B. 费用省 C. 渠道短 D. 经济合理

E. 时间短

4. 按照采购方法，商品采购划分为(　　)。

A. 计划收购 B. 合同订购 C. 自由选购 D. 代批代销

E. 工商联营联销

5. 流通企业中的生产性劳动如(　　)也能创造价值和使用价值。

A. 包装　B. 储存　C. 加工　D. 销售

E. 运输

6. 商品销售的原则包括(　　)。

A. 顾客至上　B. 讲求效益　C. 优质服务　D. 以诚经商

E. 互利双赢

7. 柜台售货的优点是(　　)。

A. 劳动强度小　B. 便于商品保管　C. 帮助顾客挑选　D. 便于收集信息

E. 随时听取顾客的意见

8. 敞开式售货方式的优点是(　　)。

A. 减轻了营业员的劳动强度　B. 顾客可以自由选择商品

C. 提高了成交率　D. 便于商品保管

E. 便于介绍商品

9. 自选式售货的优点是(　　)。

A. 营业员较少　B. 劳动强度较小　C. 商品价格便宜　D. 便于商品的保管

E. 便于顾客挑选

10. 通过举办展销会,将(　　)等陈列出来,在一定的期限内展览销售的售货方式是展览销售。

A. 商品实物　B. 其他资料　C. 物资　D. 生产资料

E. 生活资料

11. 采用邮寄销售,消费者可以通过广告或商品目录来了解商品的(　　)。

A. 价格　B. 质量　C. 花色　D. 使用方法

E. 功能

12. 自动售货方式适用于交易频繁、品种单纯的(　　)。

A. 食品　B. 小商品　C. 小百货　D. 小家电

E. 小玩具

13. 网上销售的优点是手续简便,但需要较强的(　　)。

A. 售后服务　B. 结算手续　C. 物资交流　D. 技术支持

E. 配送服务

14. 流动销售方式的具体形式包括(　　)。

A. 设摊销售　B. 上门推销　C. 流动售货车　D. 陈列销售

E. 柜台售货

15. 直销可以通过(　　)进行销售。

A. 专卖店　B. 零售商　C. 专柜　D. 代销

E. 联营

16. 下列关于代批代销的表述正确的是(　　)。

A. 采购方式灵活　B. 售后办理结算手续

C. 双方签订协议书　D. 帮助生产企业打开销路

E. 扩大商业企业经营

17. 买断产品经销的实质是供销企业按照各自的市场分工，建立起(　　)的合作关系。
A. 井然有序　B. 正常合理　C. 风险共担　D. 利益共享
E. 热情服务
18. 商品销售的策略包括(　　)。
A. 开拓市场策略　B. 市场定时策略　C. 薄利多销策略　D. 拾遗补阙策略
E. 服务销售策略
19. 开拓市场包括(　　)。
A. 开拓原有的商品市场，即增加规格型号、花色品种
B. 开拓服务领域
C. 开拓新产品市场
D. 开拓销售市场
E. 开拓已淘汰产品市场
20. 有奖销售的奖品可以有(　　)。
A. 现金　B. 商品　C. 购物券　D. 外币
E. 折扣
21. 商品之所以要经过储存，原因包括(　　)。
A. 商品生产与消费之间的时间矛盾　B. 商品生产与消费之间的空间矛盾
C. 协调市场供求矛盾　D. 为了保证商品的质量
E. 防止商品损耗
22. 决定商品储存时间长短的因素有(　　)。
A. 商品的自然属性　B. 储存保本期
C. 生产与消费的季节变化　D. 寿命周期
E. 销售量大小
23. 商品保管主要是做好(　　)这几项工作。
A. 研究科学的储存方法　B. 仓库白蚁的防治
C. 库存商品的数量管理　D. 合理安排仓容货位
E. 堆码商品
24. 纺织品组织结构主要包括(　　)。
A. 织物组织　B. 重量和厚度　C. 缩水率和悬垂性　D. 紧度和密度
E. 幅宽和匹长
25. 商品检验的内容包括(　　)检验。
A. 包装　B. 品质　C. 卫生　D. 安全性能
E. 数量和重量
26. 售货的基本流程包括(　　)。
A. 初步接触　B. 展示与介绍　C. 说明诱导　D. 成交
E. 收款付货
27. 倾听顾客陈述时应当(　　)。
A. 面带微笑　B. 不断点头表示自己在认真听
C. 站立　D. 目光与顾客不接触
E. 使用肢体语言
28. 商品陈列的主要方法有(　　)。

A. 整齐排列陈列法　B. 端架陈列法　C. 绕柱陈列法　D. 岛式陈列法
E. 不规则陈列法

29. 银联卡在柜台的主要功能有(　　)。
A. 存款　B. 取款　C. 汇款　D. 转账
E. 查询

30. 下列关于收银 POS 机的维护和保养表述正确的是(　　)。
A. 不能在上面放置任何物品　B. 不小心浸入液体应立即切断电源
C. 下班后应及时拔插电源线　D. 出现故障立即通知电脑部人员到场解决
E. 相关设备损坏马上通知电脑部驻店人员

31. 金融 POS 机的金融类交易主要有(　　)。
A. 报表　B. 消费　C. 消费撤销　D. 结算
E. 退货

32. 在经营中遇到的突发事件主要包括(　　)。
A. 火灾
B. 恶劣天气
C. 人身意外
D. 在营业时间内没有预先通知的情况下突然停电
E. 抢劫

33. 劳动争议解决的方式有(　　)。
A. 协商　B. 调解　C. 仲裁　D. 诉讼
E. 复议

34. 消费者的监督权包括(　　)。
A. 检举权　B. 控告权　C. 批评权　D. 建议权
E. 仲裁权

35. 不正当竞争行为包括(　　)。
A. 假冒或仿冒行为　B. 限购排挤行为　C. 侵犯商业秘密行为　D. 违法行为
E. 商业贿赂行为

36. 我国的广告法中规定广告必须遵循的基本原则有(　　)。
A. 真实原则　B. 合法原则　C. 文明原则　D. 公益原则
E. 大众原则

37. 我国的产品质量法对产品标志做出的规定包括(　　)。
A. 产品要有产品质量检验合格证明
B. 产品要有中文标明的产品名称、生产厂厂名和厂址
C. 产品的特点和使用要求需要标明
D. 限期使用的产品,标明生产日期和安全使用期或者失效日期
E. 保持销售产品的质量

38. 价格的基本形式包括(　　)。
A. 市场调节价　B. 政府指导价　C. 政府定价　D. 明码标价
E. 统一价格

39. 禁止生产经营的食品包括(　　)。

A. 不符合食品安全标准的食品　　B. 被包装材料、容器、运输工具污染的食品
C. 超过保质期的食品　　D. 无标签的预包装食品
E. 禁止生产经营的食品

40. 票据的法律特征包括(　　)。
A. 有价证券　　B. 债券证券　　C. 流通证券　　D. 无因证券
E. 现金证券

41. 我国劳动合同法的适用范围有(　　)。
A. 个体经济组织　　B. 中华人民共和国境内的企业
C. 国家机关　　D. 事业组织
E. 社会团体

42. 商标权的各种权利包括(　　)。
A. 独占权　　B. 许可使用权　　C. 转让权　　D. 续展权
E. 追索权

43. 我国物权法调整的物权包括(　　)。
A. 所有权　　B. 固定物权　　C. 用益物权　　D. 担保物权
E. 变动物权

三、判断题(对的画"√",错的画"×")

(　　)1. 商品经营主要有三个环节,即商品储存、商品采购、商品销售。
(　　)2. 采购量的大小可以决定生产与销售的顺畅与否及资金的调度。
(　　)3. 在保证商品品种、数量的前提下,尽量就近进货。
(　　)4. 获得某个优质产品的总经销权,对获得良好的经济效益具有重大意义。
(　　)5. 商品销售是商品流通企业经营的起点环节。
(　　)6. 企业做好商品销售工作,消费者才能获得自己需要的商品和服务,从而满足其生活需要。
(　　)7. 对消费者的服务是产品整体概念的一个重要组成部分。
(　　)8. 柜台售货一般只适用于选择性强的商品的销售。
(　　)9. 敞开式售货方式适用于花色、品种比较复杂的商品的销售。
(　　)10. 自选式售货由敞开式售货发展而来。
(　　)11. 展览销售的主要特点是将各种花色、品种的商品集中在专柜陈列展销。
(　　)12. 采用邮寄销售,消费者可以通过广告或商品目录来了解商品的质量和花色。
(　　)13. 自动售货机出售的商品品种繁多。
(　　)14. 网上销售是通过网上交易,营业员按照顾客提供的信息,将货物送达并办理结算手续的售货方式。
(　　)15. 流动销售的方式包括设摊销售、电话销售、上门推销。
(　　)16. 直销不利于社会专业化分工的组织与发展。
(　　)17. 代销能在节省资金占用的条件下扩大企业经营。
(　　)18. 开展规范的经销方式,可以促使商业企业集中精力提高产品质量。
(　　)19. 薄利多销策略主要适用于价格需求弹性较大的日常生活用品。
(　　)20. 开拓市场策略是扬长避短的策略。

(　　)21. 家电行业常用以旧换新的促销方式销售商品。
(　　)22. 商品储存是指商品在流通过程中的长期停留。
(　　)23. 凡商品质量有失效期的,在库时间不得超过保质期。
(　　)24. 为了方便出入库业务,营业员要尽可能缩短收、发货作业时间。
(　　)25. 纺织品不是人们生活中不可缺少的生活资料。
(　　)26. 商品鉴别又叫商品检验,还被称为商品质量检验。
(　　)27. 成交是整个运输过程的环节之一。
(　　)28. 对顾客一视同仁,要做到生客、熟客同等对待。
(　　)29. 先进先出原则也被称为立体创新的原则。
(　　)30. 中国银联是经国务院同意、国家银监会批准,由全国 80 多家金融机构共同发起设立的一家股份制金融服务机构。
(　　)31. 收银 POS 机的显示器一般有两个:一个是收银员专用的;另一个是顾客用的。
(　　)32. 金融 POS 机的金融类消费是指持卡人在一般商户消费时用银行卡进行支付的交易。
(　　)33. 营业时间内突然停电,营业员只能使用紧急照明、手电筒,不能使用火柴、打火机等明火。
(　　)34. 劳动争议发生后,当事人不应向本单位劳动争议调解委员会申请调解。
(　　)35. 农民购买的生产资料,其权益不在消费者权益保护法的范围之内。
(　　)36. 我国的反不正当竞争法主要规范不正当竞争行为。
(　　)37. 我国的广告法中所指的广告不包括公益广告。
(　　)38. 在中华人民共和国境内从事产品生产、销售活动,必须遵守产品质量法。
(　　)39. 经营者有权自主制定属于市场调节的价格。
(　　)40. 食品生产经营人员每半年必须进行健康检查。
(　　)41. 汇票没有记载付款日期的,为见票即付。
(　　)42. 劳动者提前 10 日以书面形式通知用人单位,可以解除劳动合同。
(　　)43. 注册商标每次续展注册的有效期为 15 年。
(　　)44. 我国的物权法规范的物包括动产和不动产。

参考答案

一、单项选择题

1. C	2. D	3. C	4. D	5. A	6. D	7. C	8. B	9. B	10. C
11. D	12. A	13. C	14. A	15. B	16. D	17. D	18. A	19. B	20. D
21. C	22. A	23. D	24. B	25. C	26. D	27. A	28. C	29. C	30. D
31. B	32. C	33. D	34. C	35. B	36. D	37. A	38. C	39. D	40. A
41. B	42. B	43. A	44. C	45. B	46. A	47. B	48. C	49. D	50. A
51. C	52. B	53. C	54. D	55. C	56. D	57. D	58. A	59. A	60. D
61. B	62. A	63. A	64. C	65. D	66. C	67. B	68. C	69. B	70. D
71. B	72. D	73. B	74. D	75. C	76. B	77. A	78. C	79. A	80. C
81. A	82. C	83. C	84. C						

二、多项选择题

1. ABCD	2. ABCDE	3. ABCD	4. ABCDE	5. ACE
6. ABCD	7. BCDE	8. ABC	9. ABCE	10. AB
11. AE	12. AB	13. DE	14. ABC	15. ABC
16. ABCDE	17. BCD	18. ABCDE	19. ABCD	20. ABC
21. ABC	22. ABCD	23. CDE	24. ABDE	25. ABCDE
26. ABCDE	27. AB	28. ABCDE	29. ABCDE	30. ABDE
31. BCDE	32. ABCDE	33. ABCD	34. ABCD	35. ABCE
36. ABC	37. ABCD	38. ABC	39. ABCDE	40. ABCD
41. ABCDE	42. ABCD	43. ACD		

三、判断题

1. ×	2. √	3. √	4. √	5. ×	6. √	7. √	8. ×	9. √	10. √
11. √	12. ×	13. ×	14. ×	15. ×	16. √	17. √	18. ×	19. √	20. ×
21. √	22. ×	23. √	24. √	25. ×	26. √	27. ×	28. √	29. ×	30. ×
31. √	32. ×	33. √	34. ×	35. ×	36. √	37. ×	38. √	39. √	40. ×
41. √	42. ×	43. ×	44. √						

第三单元 商品检验

学习目标

(1) 掌握验收商品的方法。
(2) 了解验收商品的原则。
(3) 熟悉商品购进知识。
(4) 了解商品外观检验的概念。
(5) 掌握商品外观检验的标准。
(6) 熟悉商品标志鉴别常识。
(7) 熟悉商品质量认证标志。
(8) 掌握商品质量分级的概念。
(9) 掌握商品质量等级识别的方法。
(10) 熟悉农药残留速测仪的用途和检测原理。

考核要点

考核类别	考核范围	考核点	重要程度
商品检验	验收商品	验收商品的方法	★★★
		验收商品的原则	★
		商品购进的概念	★★

续表

考核类别	考核范围	考　核　点	重要程度
商品检验	验收商品	商品购进的重要性	★★
		商品购进的原则	★★
		商品外观检验的概念	★
		酒类商品的外观检验标准	★★★
		化妆品类商品的外观检验标准	★★★
		茶叶的外观检验标准	★★★
		服装类商品的外观检验标准	★★★
	鉴别商品	商品标志的主要内容	★★
		商品标志的标注要求	★★★
		商品标志检验的基本要求	★★★
		中国强制认证标志	★★
		食品质量安全标准	★★
		中国环境标志	★★
		绿色食品标志	★★
		商品质量分级的概念	★★★
		商品质量等级标示方法	★★★
		家用电器类商品质量优劣的鉴别方法	★★★
		农药残留速测仪的主要用途	★★★
		农药残留速测仪的检测原理	★★

知识网络

本单元对营业员涉及的商品检验知识进行了概述，为方便学员从整体上理解和掌握本单元知识，现将本单元涉及的考核要点以网络图的形式表达如下：

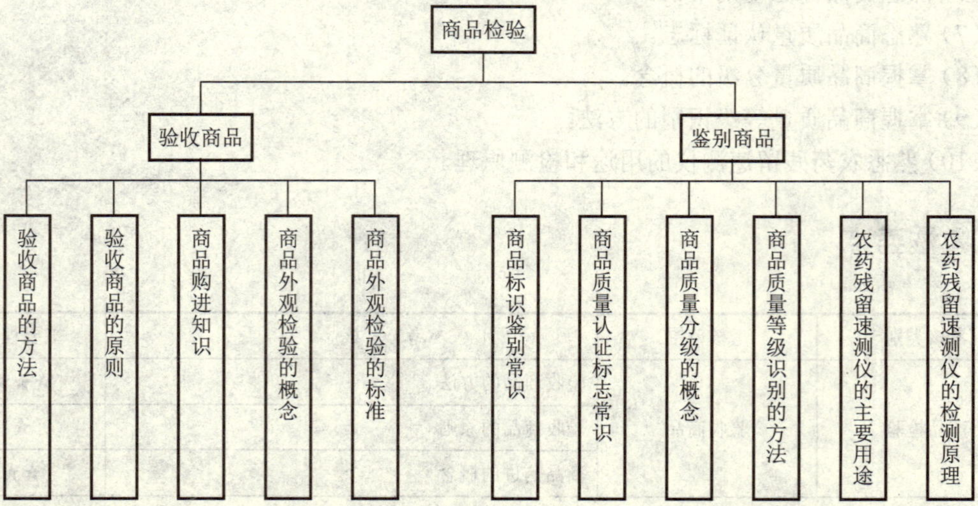

考点导航

一、验收商品

1. 验收商品的方法

(1) 对单验收。

对单验收是按照商品发货单据上的商品名称、货号、规格、单位、数量等逐项核对,检查有无货单不符或漏发、错发、串发现象,发现问题及时反馈。

(2) 商品数量验收。

商品数量验收是指针对按件数供货或以件数为计量单位的商品,对照发货单据进行商品件数的清点。

(3) 商品称重验收。

商品称重验收是对来货进行称重的验收过程。称重验收一般用于散装食品、粮油、肉类、水果等商品,要以千克为计量单位进行验收。

(4) 商品规格验收。

商品规格验收是对来货商品实物规格与合同规定进行核对的验收过程。规格的验收主要包括商品规格及商品制造商、进口商、地址和电话的验收。

(5) 商品品质验收。

商品品质验收主要包括商品生产日期、有效期限、内容、成分等的验收。

2. 验收商品的原则

验收商品的原则包括质量达标原则、货单相符原则、数量准确原则。

3. 商品购进的概念

商品购进是指商业企业通过货币关系从生产企业或其他商业企业取得商品的一种经营活动,包括两方面的内容:一方面采购人员必须主动对用户需求做出反应;另一方面还要保持与供应商之间的互利关系。

4. 商品购进的重要性

(1) 商品购进是社会再生产顺利进行的重要条件。

(2) 商品购进是消费者需求和社会需求的物质基础。

(3) 商品购进是商业企业经营的重要环节。

5. 商品购进的原则

商品购进一般遵循以销定进、勤进快销、以进促销、储存保销、"五不进一退货"的原则。

6. 商品外观检验的概念

商品外观检验是指商品验收人员通过自身的感觉器官,依据商品质量检验标准对进货商品外观进行全面的观察与检验。

7. 酒类商品的外观检验标准

(1) 酒类商品外观特征要求。

① 外包装无湿痕或酒精外溢现象。

② 商标整洁、完整,无破损、污渍,且端正清晰,酒精含量、保质期应标注清楚。

③ 酒瓶无破损现象,封口应严密。

(2) 酒类商品内容物要求。

① 浓香型白酒应无色透明或微黄,无悬浮物、沉淀物;酱香型白酒应无色(或微黄)透明,无悬浮物、沉淀物;清香型白酒应无色、清亮,无悬浮物、沉淀物;米香型白酒应无色透明,无悬浮物、沉淀物;其他香型白酒应无色(或微黄)透明,无悬浮物、沉淀物。

② 果酒应与原料本色相同且透明、清亮,不应有混浊现象。

③ 黄酒应透明或浅黄,无沉淀物。

④ 配制酒应具有该品种独特的令人喜爱的柔和颜色。

⑤ 洋酒多为琥珀色且澄清透明,无沉淀物。

⑥ 啤酒应无沉淀物,酒瓶应为 B 型瓶,标签无脱落,瓶身无明显划痕。

8. 化妆品类商品的外观检验标准

(1) 化妆品类商品外观特征要求。

① 外包装箱完整无损,商品外包装良好无划痕,字迹清晰无重影等。

② 保质期与生产日期标注清楚。

③ 瓶装商品与袋装商品无膨胀、撒漏现象。

④ 纸类商品包装完好,无破损、污渍现象。

(2) 化妆品类商品内容物要求。

① 瓶装商品无半瓶现象。

② 护发类商品无液体溢出和气泡现象。

9. 茶叶的外观检验标准

(1) 各类茶叶的特点。

① 红茶:红茶在制茶时,其鲜叶的茶多酚生成了氧化产物,俗称发酵,因此红茶具有干茶色泽乌润、汤色红亮的特点,并有红茶特有的香气和滋味。

② 绿茶:具有外观翠绿、色绿汤清、叶底嫩绿的“三绿”特点。

③ 乌龙茶:又称青茶,属半发酵茶。

④ 花茶:花茶是用做好的茶坯加入鲜花制成的再制茶,主要有茉莉花茶、玉兰花茶、玫瑰花茶、珠兰花茶等。

⑤ 紧压茶:紧压茶是以特制的毛茶和绿茶、红茶的副茶为原料,经过蒸茶、装模或装篓制成的茶。

(2) 茶叶的检验标准。

① 感官:将干茶捧在手上对着光线检视,看茶叶的颜色是否光鲜。

② 看外形:主要是观察外形、色泽、匀净度等,外形应肥壮、重实。

③ 嗅香气:用手捧着埋头贴近茶叶,吸三口气,先嗅香气是否突出,再区别香气高低、长短、强弱等。嗅香时采用热嗅、温嗅、冷嗅相结合的方法。

④ 尝滋味:用茶匙舀取适量的茶汤入口(一定不要太多),通过舌头在口腔中做吮吸打转滚动,使口腔各部位的味细胞做出综合的滋味感应。优质的茶滋味醇厚,醇而带爽,厚而不涩。

10. 服装类商品的外观检验标准

(1) 检验中文标志,如厂名、厂址、商标、成分、洗涤说明、型号等。

(2) 检验服装的重点部位,查看有无明显的疵点,如前身、领部、袖子等部位。

(3) 检查有无色差,前后身、上下装颜色有无明显的区别,有无花色、掉色现象等。

(4) 检查对条对格服装的要求:对条对格服装的检验主要是服装的条和格要相对应,如左右侧与前身、手巾袋与前身、袖子与前身、袖缝、背缝、背缝与后领面、领子与驳头、摆缝、袖子等。

(5) 检查绒(毛)的倒向、阴阳格、原料与全身顺向是否一致。

(6) 检查裤子立裆必须双线、纱向不得纬斜、衬衫领部不得拼凑、门襟要平服顺直、条格要对称。

(7) 衬衫领、西装、大衣前身不能出现起泡现象。

(8) 儿童服装的花色拼接要规范,色牢度要好,装饰物牢固且不得粘贴,纽扣要钉牢。

二、鉴别商品

1. 商品标志的主要内容

(1) 产品检验合格证。

(2) 产品名称,包括其自然属性,如规格、型号、成分含量、用法、生产批号、出厂日期、保质期等。

(3) 生产厂家名称、地址。

(4) 执行标准编号。

(5) 优质产品、特殊产品应有安全使用说明。

(6) 产品的生产许可证上应有许可证编号、批准日期、有效期限等。

(7) 机器设备、装置及耐用消费品还要标明产品的技术参数、使用寿命、使用范围、安装维修使用方法、注意事项等。电器产品应有线路图和原理图。

(8) 定量包装产品应注明实际质量、净重量。

(9) 具有相应的商品质量认证标志。

(10) 具有商标、条形码等。

2. 商品标志的标注要求

以食品标志为例,其标示的事项应包括:

(1) 有容器或包装的食品、食品添加物和食品洗洁剂,应在容器或包装上用中文及通用符号显著标示下列事项。① 品名;② 内含物名称及质量、容量或数量;③ 食品添加物名称;④ 制造厂商名称、地址;⑤ 进口商品应加注进口厂商的名称与地址;⑥ 制造日期;⑦ 其他经主管机关公告指定的标示事项。

(2) 对于食品、食品添加物或食品洗洁剂的标示,不能虚夸或者使人误认为有医药的效能。

(3) 在国内制造者,其标示如兼用外文时,其字样不得大于中文。

(4) 在国外进口者,由进口单位在销售前依规定标示中文。

(5) 经改装、分装者,应标注改装者或分装者的名称及地址。

(6) 食品、食品添加物或食品洗洁剂经各级主管机关抽样检验者,不得以其检验的结果作为标志、宣传或广告。

3. 商品标志检验的基本要求

以食品标志为例,基本要求包括:

(1) 食品标签不得与包装容器分开。

(2) 食品标签的一切内容不得在流通环节中变得模糊甚至脱落,必须保证消费者购买和食用时醒目、易于辨认和识读。

(3) 食品标签的一切内容必须清晰、简要、醒目。文字、符号、图形应直观、易懂,背景和底色应采用对比色。

(4) 食品名称必须位于标签的醒目位置。食品名称和净重量应处于同一视野内。

（5）食品标签所用文字必须是规范的汉字。可以同时使用汉语拼音，但必须拼写正确，不得大于相应的汉字。可以同时使用少数民族文字或外文，但必须与汉字有严密的对应关系，外文不得大于相应的汉字。

（6）食品标签所用的计量单位必须以国家法定计量单位为准。

4. 中国强制认证标志

中国强制认证的英文为 China Compulsory Certification，简称“CCC”认证，又称“3C”认证。强制性产品认证制度是各国政府为保护广大消费者人身和动植物生命安全，保护环境，保护国家安全，依照法律法规实施的一种产品合格评定制度。

强制性产品认证主要通过制定强制性产品认证的产品目录和实施强制性产品认证程序，对列入强制性产品认证目录的产品实施强制性检测和审核。凡是列入强制性产品认证目录的产品，没有获得指定认证机构的认证证书，没有按照规定标示认证标志，一律不得进口、出口销售和在经营性活动中使用。

列入《第一批实施强制性产品认证的产品目录》中的产品包括音视频设备、信息技术设备、照明设备等 19 大类 132 种。凡在目录内的产品必须认证，否则不允许销售。

5. 食品质量安全标准

QS 是英文 Quality Safety（质量安全）的字头缩写，是工业产品生产许可证标志的组成部分，也是取得工业产品生产许可证的企业在其生产的产品外观上标示的一种质量安全外在表现形式。《中华人民共和国工业产品生产许可证管理条例实施办法》第八十六条规定：“工业产品生产许可证标志由‘质量安全’英文‘Quality Safety’的字头‘QS’和‘质量安全’中文字样组成。标志主色调为蓝色，字母‘Q’与‘质量安全’四个中文字样为蓝色，字母‘S’为白色。”

依据相关法规，食品生产加工企业在食品外包装上加贴 QS 标志必须具备 3 个要件：

（1）属于国家质检总局按照规定程序公布的实行食品质量安全市场准入制度的食品。目前有粮食加工品、食用油等 28 大类食品纳入国家食品质量安全市场准入制度。

（2）从事该食品生产的企业已经取得食品生产许可证并在有效期内。

（3）出厂的食品经过强制性检验合格，准许进入市场销售。

6. 中国环境标志

中国环境标志是目前国家环保总局颁发给符合环保要求的企业或产品的权威性认证标志，是我国政府的环保证明性商标，同时也是目前国内公认的环保产品的最高等级和权威认证。中国环境标志认证又称为“十环”认证，得名于中国环境标志的 10 个环。标志中的太阳、青山、绿水象征人类赖以生存的环境，外围的十环表示公众参与，共同维护，寓意为“全民联合起来，共同保护人类赖以生存的环境”。

（1）中国环境标志认证的特点：

① 公开透明。

② 第三方认证。

③ 产品的规模效应。

④ 其他国际通行标准。

⑤ 明确的环境标志产品标准。

（2）取得中国环境标志认证必须具备以下条件：

① 中华人民共和国境内企业应持有工商行政主管部门颁发的企业法人营业执照，境外企

业应持有有关机构的登记注册证明。

② 具有产品质量认证证书、产品生产许可证或由经认可的检验机构出具的一年内产品质量合格证明。

③ 企业近期（一年内）未受到当地环保部门的处罚。

（3）认证产品的种类。

认证产品的种类主要包括：家具、建筑材料（如水性涂料、溶剂型涂料、木地板、胶黏剂、壁纸、陶瓷砖、卫生陶瓷、门窗、水泥、混凝土、墙体板材）、家用电器（如电冰箱、电视机、洗衣机、空调、节能灯）、日用品、纺织品、汽车、办公设备（如计算机、复印机、打印机、传真机）、油墨、再生鼓粉盒、生态住宅、太阳能（如热水系统、集热器）等。

7. 绿色食品标志

绿色食品标志是由绿色食品发展中心在国家工商行政管理总局商标局正式注册的质量证明标志。它由三部分构成，即上方的太阳、下方的叶片和中心的蓓蕾，象征着自然生态；颜色为绿色，象征着生命、农业、环保；图形为正圆形，意为保护（AA 级绿色食品标志与字体为绿色，底色为白色；A 级绿色食品标志与字体为白色，底色为绿色）。整个图形描绘了在明媚阳光照耀下的和谐生机，告诉人们绿色食品是出自纯净、良好生态环境的安全、无污染的食品，能给人们带来蓬勃的生命力。

（1）取得绿色食品标志认证必须具备以下条件：

① 产品或产品原料产地必须符合绿色食品生态环境质量标准。

② 农作物种植、畜禽饲养、水产养殖及食品加工必须符合绿色食品生产操作规程。

③ 产品必须符合绿色食品质量和卫生标准。

④ 产品外包装必须符合国家食品标签通用标准，符合绿色食品特定的包装、装潢和标签规定。

（2）绿色食品标志的编号。

中国绿色食品发展中心对许可使用绿色食品标志的产品进行统一编号，并颁发绿色食品标志使用证书。编号形式为：LB-××-××××××××××。“LB”是绿色食品标志代码，后面的两位数字代表产品分类，最后十位数字含义如下：第一、二位是批准年度，第三、四位是批准月份，第五、六位是省区，第七、八、九位是产品序号，最后一位是产品级别（A 级为“1”，AA 级为“2”）。从序号中能够辨别出此产品的相关信息，同时鉴别出绿色食品标志是否已过使用期限。

（3）绿色食品标志的有效期。

通过绿色食品认证的产品可以使用统一格式的绿色食品标志，有效期为 3 年，时间从通过认证并获得证书当日算起，期满后生产企业必须重新提出认证申请，被批准通过后才可以继续使用该标志，同时更改标志上的编号。从重新申请到获得认证的时间为半年，在这半年中，允许生产企业继续使用绿色食品标志。如果重新申请没能通过认证，企业必须立即停止使用标志。另外，在 3 年有效期内，中国绿色食品发展中心每年还要对产品按照绿色食品的环境、生产及质量标准进行检查，如不符合规定，中心会取消该产品使用标志。

8. 商品质量分级的概念

商品质量分级是指对同一品种的商品，按其达到商品质量标准的程度来确定等级。按照《工业产品质量分等导则》的规定，将商品质量水平划分为优等品、一等品和合格品 3 个等级。

（1）优等品。

优等品是指商品的质量标准必须达到国际先进水平，且实物质量水平与国外同类产品相比达到近5年内的先进水平。

（2）一等品。

一等品是指商品的质量标准必须达到国际一般水平，且实物质量水平达到国际同类产品的一般水平。

（3）合格品。

合格品是指按照我国一般水平标准组织生产，实物质量水平必须达到相应标准的要求。

9. 商品质量等级标示方法

我国商品质量等级的标示方法大致有3种：文字标示法、几何图形标示法、颜色标示法。

10. 家用电器类商品质量优劣的鉴别方法

（1）彩色电视机质量优劣的鉴别方法（以显像管电视机为例）。

① 检查荧光屏外观质量。

② 检查光栅质量。

③ 检查灵敏度。

④ 检查图像质量。

⑤ 检查伴音质量和图像稳定性。

⑥ 其他功能检查。

（2）电冰箱质量优劣的鉴别方法。

① 外观检查。

② 启动性能检。

③ 振动和噪声检查。

11. 农药残留速测仪的主要用途

农药残留速测仪主要用于水果、蔬菜、茶叶、粮食、水及土壤中有机磷和氨基甲酸酯类农药的快速检测，特别适用于商场和超市中蔬菜、水果等商品质量的快速检测，农贸批发销售市场现场检测，以及蔬菜、茶叶等加工前的安全检测。

12. 农药残留速测仪的检测原理

农药残留速测仪的检测原理是利用速测卡中的胆碱酯酶（白色药片）催化靛酚乙酸酯（红色药片）水解为乙酸与靛酚，由于有机磷和氨基甲酸酯类农药对胆碱酯酶的活性有抑制作用，使催化水解后的显色发生改变，因此，根据显色的不同即可判断样品中含有机磷或氨基甲酸酯类农药的残留情况。

仿真训练

一、单项选择题（请将正确选项的代号填入题内的括号中）

1.（　　）验收不是验收商品的方法。

A. 称重　　B. 规格　　C. 数量　　D. 颜色

2.（　　）验收不是验收商品的方法。

A. 对单　　B. 数量　　C. 包装　　D. 规格

3. 下列选项中，（　　）不是验收商品的原则。

A. 流程规范　　B. 数量准确　　C. 质量达标　　D. 货单相符

4. 下列选项中，（　　）不是验收商品的原则。

A. 货单相符　B. 数量准确　C. 质量达标　D. 金额准确

5. 商品购进是通过(　　)交换,取得适销对路的商品。

A. 等额　B. 货币　C. 资金　D. 等价

6. 商业企业通过(　　)关系从生产企业或其他商业企业购进商品。

A. 商品　B. 货币　C. 金融　D. 资本

7. 商品购进是商业企业经营的(　　)。

A. 具体体现　B. 重要环节　C. 物质保证　D. 前提条件

8. 商品购进是社会再生产顺利进行的(　　)。

A. 重要条件　B. 前提条件　C. 物质条件　D. 优先条件

9. 下列选项中,(　　)是商品购进的原则。

A. 以进定销　B. 一不进五退货　C. 以销促进　D. 储存保销

10. 下列选项中,(　　)不是商品购进的原则。

A. 以进定销　B. 五不进一退货　C. 以进促销　D. 储存保销

11. 外观检验是验收人员通过(　　)器官进行的检验。

A. 听觉　B. 感觉　C. 味觉　D. 嗅觉

12. 外观检验应对进货商品的外观进行(　　)的观察与检验。

A. 局部　B. 部分　C. 多方位　D. 全面

13. 下列对酒类商品商标的要求说法错误的是(　　)。

A. 商标整洁　B. 商标完整　C. 不用注明保质期　D. 无污渍

14. 关于酒类商品内容物的要求,下列说法正确的是(　　)。

A. 颜色鲜艳　B. 有沉淀物　C. 有悬浮物　D. 啤酒应无沉淀物

15. 对化妆品类商品内容物的要求有(　　)。

A. 商品无胀袋　B. 无悬浮物

C. 护发类商品无液体溢出、气泡现象　D. 应为B型瓶

16.(　　)是对化妆品类商品外观特征的要求。

A. 瓶装商品无半瓶现象　B. 纸类商品包装完好

C. 色彩鲜艳　D. 颜色均匀一致

17. 茶叶的检验标准之一是(　　)。

A. 看中文标识　B. 嗅香气　C. 观察有无疵点　D. 观察是否完整

18. 茶叶的检验标准之一是(　　)。

A. 尝滋味　B. 检查色差

C. 观察有无疵点　D. 保质期与生产日期标注明显

19. 下列关于对条对格服装的外观检验标准说法正确的是(　　)。

A. 用线和用料颜色相似　B. 条、格要对应

C. 装饰物要牢固　D. 无褶皱和松面

20. 下列关于检验服装的重点部位时的要求说法正确的是(　　)。

A. 查看有无明显的疵点　B. 不能出现起泡

C. 用线和用料颜色相近　D. 颜色均匀一致

21. 产品的生产许可证的主要内容不包括(　　)。

A. 许可证编号　B. 批准日期　C. 条形码　D. 有效期限

22. 商品标志中的产品名称不包括(　　)。

A. 规格　B. 型号　C. 成分含量　D. 净重量

23. 下列关于有容器或包装的食品的标志标注要求表述正确的是(　　)。

A. 标示醒目　B. 食品品名应使用国家标准所定的名称

C. 写明生产日期　D. 内容清晰醒目

24. 关于食品内含物名称及重量、容量或数量的标志标注要求,下列说法正确的是(　　)。

A. 标明生产厂商名称、地址

B. 标明制造日期

C. 执行标准标号

D. 液汁与固体混合者,分别标明内容量及固体量

25. 关于食品标志检验基本要求,下列说法正确的是(　　)。

A. 食品名称可以同时使用汉语拼音　B. 食品名称只使用少数民族文字

C. 要有认证标志　D. 使用国家计量单位

26. 关于食品标志检验基本要求,下列说法正确的是(　　)。

A. 标明生产厂家　B. 食品标签不得与包装容器分开

C. 具有商标和条形码　D. 食品标签所用文字可以不是汉字

27. "3C"标准是依照法律法规实施的一种(　　)评定制度。

A. 产品质量　B. 产品标准　C. 产品合格　D. 产品等级

28. "3C"标准是各国政府为保护(　　)生命安全,保护环境,保护国家安全而实施的一种制度。

A. 消费者　B. 消费者人身和动植物

C. 动植物　D. 生物

29. QS 食品质量安全标志用于(　　)产品。

A. 农业　B. 工业　C. 服务业　D. 工农业

30. 在食品外包装上加贴 QS 标志必须具备的要件之一是出厂的食品经过(　　)检验合格,准许进入市场销售。

A. 规定　B. 要求　C. 自愿性　D. 强制性

31. 中国环境标志是目前国家环保总局颁发给符合环保要求的(　　)的权威性认证标志。

A. 行业　B. 企业　C. 产品　D. 企业或产品

32. 企业在(　　)未受到当地环保部门的处罚是取得中国环境标志认证必具备的条件之一。

A. 6 个月内　B. 1 年内　C. 2 年内　D. 3 年内

33. 绿色食品标志的组成部分不包括(　　)。

A. 太阳　B. 蓓蕾　C. 星星　D. 叶片

34. (　　)绿色食品标志与字体为绿色,底色为白色。

A. A 级　B. AA 级　C. AAA 级　D. AAAA 级

35. (　　)是指商品的质量标准必须达到国际一般水平,且实物质量水平达到国际同类产品的一般水平。

A. 一等品　B. 优等品　C. 合格品　D. 特等品

36. 商品质量分级是指对同一(　　)的商品,按其达到商品质量标准的程度确定等级。

A. 规格　B. 品种　C. 大类　D. 类型

37. 我国商品等级的颜色标示方法规定，白牌商标表示商品品级为(　　)。
A. 二等品　　B. 三等品　　C. 合格品　　D. 等外品
38. 我国商品等级的颜色标示方法规定，红牌商标表示商品品级为(　　)。
A. 优等品　　B. 一等品　　C. 二等品　　D. 合格品
39. 下列关于彩色电视机图像质量的检查要点说法错误的是(　　)。
A. 接收电视台的彩色测试图　　B. 转动音量旋钮
C. 色彩纯度　　D. 途中彩条自然鲜艳
40. 彩色电视机荧光屏外观质量要求主要是(　　)。
A. 图像稳定　　B. 接收图像正常　　C. 颜色均匀一致　　D. 边界分明
41. (　　)是指为检测商品质量而使用的各种专项工具，要求操作者了解工具基本结构、用途、性能特点及操作规程和使用方法。
A. 商品检验工具　　B. 商品检查工具　　C. 商品测试工具　　D. 商品质量检查工具
42. (　　)是根据国家标准 GB/T 5009.199－2003《蔬菜中有机磷和氨基甲酸酯类农药残留量的快速检测》中的速测卡法(纸片法)而专门设计的仪器。
A. 农药残留速测仪　　B. 农药检测仪　　C. 农药加工速测仪　　D. 蔬菜残留速测仪
43. 农药残留速测仪出厂设置的温度为(　　)，能保证胆碱酯酶与靛酚乙酸酯的充分水解。
A. 40 ℃　　B. 50 ℃　　C. 60 ℃　　D. 70 ℃
44. 农药残留速测仪采用(　　)时钟芯片控制时间的精度，使仪器能确保反应和显色的时间。
A. 低精度　　B. 高精度　　C. 中等精度　　D. 超低精度

二、多项选择题(请将正确选项的代号填入题内的括号中)

1. 验收商品的方法包括(　　)。
A. 对单验收　　B. 数量验收　　C. 称重验收　　D. 品质验收
E. 包装验收
2. (　　)不是验收商品的原则。
A. 货单相符　　B. 手续齐全　　C. 程序规范　　D. 金额准确
E. 质量达标
3. 商品购进的内容不包括(　　)。
A. 业务人员主动地对用户需求做出反应　　B. 采购人员主动地对用户需求做出反应
C. 保持与供应商之间的互利关系　　D. 保持与生产商之间的互利关系
E. 保持与顾客之间的互利关系
4. 商品购进的重要性体现在(　　)。
A. 是社会再生产顺利进行的经营环节　　B. 是社会再生产顺利进行的重要条件
C. 是消费者需求和社会需求的物质基础　　D. 是商业企业经营的重要环节
E. 是商业企业经营的重要条件
5. (　　)不是商品购进的原则。
A. 以进定销　　B. 以销促进　　C. 勤进快销　　D. 储存保销
E. 一不进五退货
6. 所有进入商业企业的商品外观必须符合(　　)要求。
A. 包装外形或装饰无缺陷　　B. 商品包装牢固

C. 商品无损伤　　D. 外包装完好无损
E. 无拆箱迹象

7. 关于酒类商品的外观特征要求,下列说法正确的是(　　)。
A. 外包装无湿痕　B. 商标整洁、完整　C. 商标无破损和污渍　D. 酒瓶无破损现象
E. 封口应严密

8. 化妆品类商品的外观特征要求包括(　　)。
A. 外包装良好　　B. 外包装无划痕
C. 保质期与生产日期标注清楚　　D. 纸类商品包装完好
E. 包装纸应透明

9. 茶叶的检验标准包括(　　)。
A. 中文标识　B. 感官　C. 有无疵点　D. 嗅香气
E. 尝滋味

10. 服装类商品的外观检验标准包括(　　)。
A. 用线和用料颜色相似　　B. 检验中文标志
C. 检验服装的重点部位　　D. 查看有无明显的疵点
E. 检查绒(毛)的倒向

11. 商品标志的主要内容包括(　　)。
A. 商品质量认证标志　B. 执行标准编号　C. 产品检验合格证　D. 生产厂家名称
E. 生产厂家地址

12. 关于食品标志的标注要求,下列说法错误的是(　　)。
A. 国内制造者,其标识如兼用外文时,其字样不得大于中文
B. 进口品应加注采购厂商的名称与地址
C. 由国外进口者,由进口单位在销售前依规定加中文标示
D. 标明制造日期
E. 以公制标示质量、容量

13. 关于食品标志检验基本要求,下列说法正确的是(　　)。
A. 食品标签必须清晰、简要、醒目　　B. 食品标签不得与包装容器分开
C. 使用国家计量单位　　D. 食品名称和净含量应处于同一视野内
E. 进口食品只使用外文

14. 凡是列入强制性产品认证目录的产品,未获得指定认证机构的认证证书,未按规定加施认证标志,一律不得(　　)。
A. 进口销售　B. 出口销售　C. 生产　D. 促销
E. 在经营性活动中使用

15. 食品质量安全标志的图示由(　　)组成。
A. 3C　B. QS　C. 质量安全　D. 食品安全
E. 质量保证

16. 中国环境标志中的(　　)象征人类赖以生存的环境。
A. 太阳　B. 月亮　C. 花鸟　D. 青山
E. 绿水

17. 取得绿色食品标志认证必须符合(　　)。

A. 绿色食品生态环境质量标准　　B. 绿色食品生产操作规程
C. 绿色食品质量和卫生标准　　D. 国家食品标签通用标准
E. 绿色食品特定的包装、装潢和标签规定

18. 按照《工业产品质量分等导则》的规定，商品质量等级分为(　　)。
A. 特等品　B. 优等品　C. 一等品　D. 合格品
E. 等外品

19. 我国商品质量等级的标示方法包括(　　)。
A. 文字　B. 数字　C. 字母　D. 几何图形
E. 颜色

20. 彩色电视机图像质量主要检查(　　)。
A. 接收电视台的彩色测试图　　B. 转动音量旋钮
C. 色彩纯度　　D. 荧光屏外观质量
E. 调整频率和频率微调旋钮

21. 农药残留速测仪主要用于(　　)中有机磷和氨基甲酸酯类农药的快速检测。
A. 水果　B. 蔬菜　C. 茶叶　D. 粮食
E. 水

22. 农药残留速测仪的检测原理是利用速测卡中的胆碱酯酶(白色药片)催化靛酚乙酸(红色药片)水解为(　　)。
A. 甲醇　B. 乙酸　C. 靛酚　D. 乙醇
E. 甲烷

三、判断题(对的画"√",错的画"×")

(　　) 1. 商品包装验收是验收商品的方法之一。
(　　) 2. 货单相符是验收商品的原则之一。
(　　) 3. 在商品购进活动中,应保持与供应商之间的互利关系。
(　　) 4. 商品购进是消费者需求和社会需求的物质基础。
(　　) 5. "五不进一退货"原则中的一退货是指购进商品与样品不符时坚决退货。
(　　) 6. 进行外观检验后不需要对箱内商品进行抽检。
(　　) 7. 果酒多为琥珀色且澄清透明,无沉淀物。
(　　) 8. 化妆品类商品不应该有悬浮物和沉淀物。
(　　) 9. 利用感官检验茶叶时,将干茶捧在手上对着光线检视,看茶叶颜色是否鲜活。
(　　) 10. 儿童服装的花色拼接要求规范,色牢度好。
(　　) 11. 耐用消费品应有显著标准或安全使用说明。
(　　) 12. 液体与固体混合者,分别标明内容量和固体量。
(　　) 13. 食品标签所用文字必须是规范的汉字。可以同时使用汉语拼音,但必须拼写正确,不得大于相应的汉字。
(　　) 14. "3C"标准是国家强制标准,凡在强制性产品认证目录内的产品必须认证,否则不允许销售。
(　　) 15. 粮食加工品的外包装上可以加贴 QS 标志。
(　　) 16. 中国环境标志认证是目前国内公认的环保产品的最高等级和权威的认证。

（　　）17. 绿色食品标志的有效期为 3 年。
（　　）18. 一等品是指商品的质量标准必须达到国际一般水平。
（　　）19. □即为二等品，使用的是几何图形标示法。
（　　）20. 检查彩色电视机伴音质量时，如果有伴音，荧光屏的图像不应有交流声和杂波声。
（　　）21. 农药残留速测仪特别适用于商场超市中的蔬菜、水果等商品质量的快速检测。
（　　）22. 农药残留速测仪采用高精度时钟芯片控制时间的精度，使仪器能确保反应和显色的时间。

参考答案

一、单项选择题

1. D	2. C	3. A	4. D	5. D	6. B	7. B	8. A	9. D	10. A
11. B	12. D	13. C	14. D	15. C	16. B	17. B	18. A	19. B	20. A
21. C	22. D	23. B	24. D	25. A	26. B	27. C	28. B	29. B	30. D
31. D	32. B	33. C	34. B	35. A	36. B	37. B	38. B	39. B	40. C
41. A	42. A	43. A	44. B						

二、多项选择题

1. ABCD	2. BCD	3. ADE	4. BCD	5. ABE
6. ABCDE	7. ABCDE	8. ABCD	9. BDE	10. BCDE
11. ABCDE	12. BDE	13. ABD	14. ABE	15. BC
16. ADE	17. ABCDE	18. BCD	19. ADE	20. AC
21. ABCDE	22. BC			

三、判断题

1. ×	2. √	3. √	4. √	5. √	6. ×	7. ×	8. ×	9. √	10. √
11. ×	12. ×	13. √	14. √	15. √	16. √	17. √	18. √	19. √	20. √
21. √	22. √								

第四单元　商品销售

学习目标

（1）掌握营业接待英语，能够使用英语接待顾客。
（2）了解顾客心理学知识，能够引导不同类型的顾客购物。
（3）熟悉销售艺术。
（4）掌握商品销售的技巧。
（5）了解商品学的概念和商品分类。
（6）掌握接待投诉的要求。

(7) 掌握处理投诉的礼仪和步骤。
(8) 了解引起顾客异议的因素。
(9) 熟悉对顾客异议的处理态度。
(10) 熟悉对营业员心理素质的要求。

考核要点

考核类别	考核范围	考核点	重要程度
商品销售	引导购物	营业接待英语	★★★
		营业接待英语——招呼顾客	★★★
		营业接待英语——推荐商品	★★★
		营业接待英语——说明尺码	★★★
		营业接待英语——说明颜色	★★★
		营业接待英语——说明式样	★★★
		营业接待英语——说明质地	★★★
		营业接待英语——说明价格	★★★
		营业接待英语——表示谢意和道别	★★★
		商品数量的英文译法	★★★
		接待顾客的准备	★★★
		用英语接待顾客的注意事项	★★★
		虚荣型顾客的性格特征	★★
		刻薄型顾客的性格特征	★★
		爽快型顾客的性格特征	★★
		商量型顾客的性格特征	★★
		沉默型顾客的性格特征	★★
		腼腆型顾客的性格特征	★★
		慎重型顾客的性格特征	★★
		顽固型顾客的性格特征	★★
		有目的购买商品的顾客的消费心理	★★
		事先没有购买意向的顾客的消费心理	★★
		代购的顾客的消费心理	★★
		男性顾客的消费心理	★★
		女性顾客的消费心理	★★
		老年顾客的消费心理	★★
		年轻顾客的消费心理	★★
		顾客的购买动机	★★

续表

考核类别	考核范围	考核点	重要程度
商品销售	引导购物	生理性动机	★★
		实用性动机	★★
		欣赏性动机	★★
		新奇性动机	★★
		名牌性动机	★★
		从众性动机	★★
		"四步"法销售艺术	★★★
		接近顾客的技巧	★★★
		商品介绍技巧	★★★
		成交方法	★★★
		商品学的概念	★
		商品分类	★
	接待投诉	顾客投诉的含义	★★★
		顾客投诉处理与重购率的关系	★★★
		接待投诉的要求	★★★
		处理投诉的礼仪	★★★
		处理投诉的步骤	★★★
		处理投诉的注意事项	★★★
		顾客异议的含义	★★
		引起顾客异议的因素	★★
		需求异议	★★
		价格异议	★★
		商品质量异议	★★
		服务异议	★★
		人员异议	★★
		对顾客异议的处理态度	★★★
		"处变不惊"的应变能力	★★★
		挫折打击的承受能力	★★★
		情绪的自我掌控和调节能力	★★★
		满负荷情感付出的支持能力	★★★
		积极进取、永不言败的良好心态	★★★
		处理顾客异议的操作步骤	★★★

知识网络

本单元对营业员涉及的商品销售知识进行了概述，为方便学员从整体上理解和掌握本单元知识，现将本单元涉及的考核要点以网络图的形式表达如下：

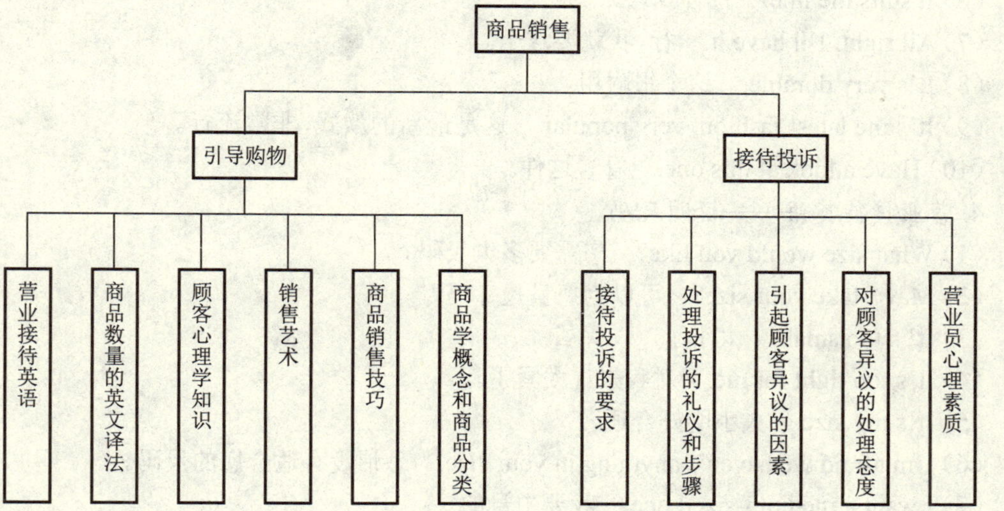

考点导航

一、引导购物

1. 营业接待英语

对营业员来说，能用英语与外国人交流，会大大提高成交率，推动销售额的增加，同时也会促进个人职业生涯的发展。

营业员需要掌握的基本英语会话内容包括招呼顾客、推荐商品、说明尺码、说明颜色、说明样式、说明质地、说明价格、表示谢意、道别等。

2. 营业接待英语——招呼顾客

（1）Good morning/afternoon/evening.　早上好 / 下午好 / 晚上好。

（2）Welcome to our shop!　欢迎光临！

（3）Can I help you?　我能帮您什么忙吗？

（4）Please take your time.　请慢慢看。

（5）Sorry, I don't understand you.　抱歉，我不明白您的意思。

（6）Please speak more slowly.　请慢点讲。

（7）I'm afraid I don't know.　恐怕我不知道。

（8）Would you like to have a look?　您想看看吗？

（9）Would you like this one?　您要这个吗？

（10）Let me know if I can help you.　如果需要帮助，尽管告诉我。

3. 营业接待英语——推荐商品

（1）Can you give me some suggestions?　能否给我一些建议？

（2）Can you recommend some to me?　能否为我推荐一些？

（3）I think this one suits you well.　我认为这件很适合您。

（4）I could recommend something to you.　我可以向您推荐一下。

（5）How about this style?　这个款式可以吗？

（6）It suits me fine.　正合我意。

（7）All right, I'll have it.　行，我就要这个。

（8）It's very durable.　这个很耐用。

（9）It's the latest fashion, very popular.　这是最新的款式，非常流行。

（10）Have a look at this one.　看看这件。

4. 营业接待英语——说明尺码

（1）What size would you like?　您需要多大尺码？

（2）May I take your size?　可以为您量尺寸吗？

（3）It' s too small.　太小了。

（4）It's too tight for me.　对我来说太紧了。

（5）It's my size.　大小刚好合适。

（6）I'm afraid we haven't anything in your size.　恐怕没有适合您的尺码。

（7）I want a medium-sized one.　我要中号的。

（8）How much do you measure around your waist?　您的腰围是多少？

（9）This one is slightly longer.　稍长了一些。

（10）Have you got anything a bit larger?　有大点尺码的吗？

（11）Is this the only size you have?　只有这一个尺码吗？

（12）What size are those you have there?　那里的那些是什么尺码？

（13）What size does it come in?　这种有哪些尺码可供选择？

（14）He's about my size.　他跟我穿相同的尺码。

（15）This seems to be a bit too narrow.　太窄了一点。

5. 营业接待英语——说明颜色

（1）What color do you like（best）?　您（最）喜欢什么颜色？

（2）I think you look better in white.　我认为您穿白色更好些。

（3）Would you like to try red?　您想试试红色的吗？

（4）This shade is quite popular this year.　今年最流行这种色调。

（5）This color suits your complexion and matches your coat, too.　这种颜色适合您的肤色，和您的外套也匹配。

（6）It's a bit too loud（showy）.　这件有点太艳（显眼）。

（7）Don't you think it's a bit too dark?　您不认为这件颜色有点太深了吗？

（8）Have you got this in blue?　这件有蓝色的吗？

（9）It's the darkest we have in stock.　这是我们现有最深的颜色了。

（10）I think you might want to go with something a little lighter.　我觉得您也许要搭配颜色浅一点的。

（11）You look pretty in pink.　您穿粉色的很好看。

（12）Green is my favorite color.　绿色是我最喜欢的颜色。

（13）May I know what color do you usually wear? 请问您一般穿什么颜色的衣服？

（14）The purple one looks nice, so does the silver one. 这件紫色的看上去很好，银色的也不错。

（15）Grey is too oldish for you. 您穿灰色的太老气。

（16）We have the same pattern in other colors. 同样的式样我们还有其他颜色的。

（17）Which color do you prefer, azure or scarlet? 您要哪一种颜色，天蓝还是鲜红？

（18）Violet fits me. 紫罗兰色适合我。

6. 营业接待英语——说明式样

（1）Here are some samples. 这是些样品。

（2）It's the latest pattern. 这是最新款式。

（3）We also have one with stripes. 我们还有条纹的。

（4）It wears well and keeps its shape. 这个耐穿且不走样。

（5）Do you like this style? 您喜欢这个款式吗？

（6）How do you think about this design? 您觉得这个款式怎么样？

（7）The design is quite fashionable. 这种设计非常时尚。

（8）This kind of sweater is novel and fashionable in design. 这种毛衣款式新颖、时髦。

（9）This pattern suits this type of coat. 这种图案适合这种外套。

（10）Do you like this design? 您喜欢这种设计图案吗？

（11）What style of trousers would you like to have? 您想要什么款式的裤子？

（12）This style is out of fashion. 这种式样过时了。

（13）This style is never out-of-date. 这种式样永远不会过时。

（14）How about showing me some samples? 给我看一些样品好吗？

（15）Don't you think the design is a bit too complicated? 您不觉得这个图案太复杂了一点吗？

（16）I want it a bit close around the waist. 我希望腰部处稍紧点。

（17）I'd like a fold at the back of my jacket. 我希望夹克衫后背有条褶。

7. 营业接待英语——说明质地

（1）This is nice material. What is it? 这料子挺漂亮的。它是什么面料？

（2）This is real leather. 这是真皮的。

（3）The silk one is more expensive. 丝质的更贵。

（4）They are pure cotton. 这是纯棉的。

（5）It's made of nylon. 它是用尼龙制成的。

（6）Which kind is the most durable? 哪种最耐用？

（7）It's waterproof. 它是防水的。

（8）It's not easily crushable. 这件衣服不容易起皱。

（9）It's made of pure brocade. 这是纯锦缎的。

（10）Do you have some good woolen fabrics? 你们有好的羊毛织品吗？

（11）Linen's ideal for summer. 夏天穿亚麻布最好。

（12）What sort of material do you prefer? 您喜欢什么料子的？

（13）Are these machine washable? 这些能用洗衣机洗吗？

(14) Is this going to shrink?　这会缩水吗?

(15) Will these bleed in the wash?　这些洗的时候会褪色吗?

(16) You'd better wash it by hand.　最好手洗。

(17) It's better to dry it in the shade.　最好在阴凉处晾干。

8. 营业接待英语——说明价格

(1) How much does it cost?　这个多少钱?

(2) The computer is 2,999 Yuan.　这台计算机卖 2 999 元。

(3) That's too expensive!　那个太贵了!

(4) The price is reasonable.　价格合理。

(5) Could I have a lower price?　能便宜点吗?

(6) I'll buy it if it's 50 Yuan.　如果是 50 元,我就买。

(7) How much do you want to spend?　您打算花多少钱?

(8) Sorry, We have only one price.　抱歉,我们这里谢绝还价。

(9) That's the bottom price.　这是底价了。

9. 营业接待英语——表示谢意和道别

(1) Thank you very much.　太感谢了。

(2) I see. Thank you!　我知道了,谢谢!

(3) You're welcome. Bye.　不用谢。再见。

(4) Come again please!　欢迎下次光临!

10. 商品数量的英文译法

数字 1～100 的英文译法在此不做说明,下面介绍几种不常见的或较难的商品数量的英文译法,具体见表 1-3-1。

表 1-3-1　商品数量的英文译法

中　文	英　文
603	six hundred and three
578	five hundred (and) seventy-eight
2 400	two thousand and four hundred
9 125	nine thousand and one hundred twenty-five
1/3	a (one) third
2/3	two thirds
1/4	a (one) quarter (fourth)
1/2	a (one) half
1. 639	one point six three nine
0. 87	(zero) point eight seven
6%	six percent
0. 9%	(zero) point nine percent
4 倍	four times

11. 接待顾客的准备

（1）在顾客到来之前应整理好工作台面。

（2）穿着得体，以甜美的笑容迎接顾客。

（3）随时准备好用英语接待顾客。

12. 用英语接待顾客的注意事项

（1）根据顾客的需要使用英文。

（2）英文口语化的表达要清楚，杜绝中文式的英文。

（3）英语发音要准确，能做到对答如流。

13. 虚荣型顾客的性格特征

这类顾客好表现自己，不愿意接受别人的建议，较任性，嫉妒心强。赞美与奉承是对待这类顾客的制胜法宝，因为只要这类顾客心情愉快，就很可能做出购买决定。

14. 刻薄型顾客的性格特征

这类顾客总是挑商品的毛病，再好的商品也能说出一些不足之处。刻薄型顾客不一定是心肠不好的人，只是性格使然。对于这类顾客，应先让其尽情发泄，然后营业员再言辞委婉地说出自己的想法。这样既能使顾客接受，又可能促成一笔交易。

15. 爽快型顾客的性格特征

这类顾客看中某种商品后会马上询问价格，只要价格不太离谱，就能立即成交。这类顾客除了性格使然外，信任企业或事先考察过该商品也是他们如此爽快的原因。营业员要满怀激情地对待这类顾客，小心维护这份信任。介绍商品时，不重要的细节可以省略，只要说明重点即可。

16. 商量型顾客的性格特征

这类顾客内心防线较弱，容易被说服。面对商量型顾客，营业员应认真聆听顾客的需求，提出中肯的建议，而不应为了获取利润，只推荐贵重商品。

17. 沉默型顾客的性格特征

这类顾客对营业员的任何话语都不感兴趣，无动于衷。如果顾客不爱说话是因为性格原因，营业员应该尽可能地耐心等待，从顾客细微的行为中发现顾客的购买需求，然后再对症下药。如果顾客是故意沉默，营业员应该寻找话题，拉近双方的距离，然后再引入正题。

18. 腼腆型顾客的性格特征

这类顾客不敢与人正视，声音缓慢、微弱，有时很难听清他们在说些什么。另外，这类顾客比较容易被说服，并很快做出购买决定。对待这类顾客，营业员一定要和蔼可亲，不要太刻意看着他们。

19. 慎重型顾客的性格特征

这类顾客比较理性，考虑问题比较周全，经常会货比三家，然后再做出购买决定。这类顾客在来店购买商品前已定下目标，不太容易说服其立刻购买商品。但是，只要他经过多次比较，一旦做出决定，进店就会直奔主题，很快便能达成交易。若遇到回头再买的顾客，营业员一定要真诚有礼，切不可摆出高姿态。

20. 顽固型顾客的性格特征

这类顾客大多思想保守，不愿意接受新生事物，不轻易改变原有的消费习惯。现实交易中，营业员很难在短时间内改变这类顾客的想法，应该用强有力的数据或事例说服顾客。如果营业员能够先发制人，不给顾客拒绝的时间，有可能会说服其做出购买决定。

21. 有目的购买商品的顾客的消费心理

这类顾客目标明确，直奔柜台，指名购买某种商品。对于这类顾客，营业员应该迅速拿出商品，不需要详细介绍。

22. 事先没有购买意向的顾客的消费心理

顾客目光不集中，碰到什么看什么。对于这类顾客，营业员应主动招呼，适时介绍顾客可能感兴趣的商品，引起他们的注意，以诱导其冲动购买。

23. 代购的顾客的消费心理

这类顾客受亲朋好友所托购买商品，营业员可采取一问、二介绍、三说明的接待方法。这种接待方法要求营业员问明使用人的要求和爱好，介绍商品的用途、使用方法等，说明退换货的原则。

24. 男性顾客的消费心理

男性顾客的消费心理比较简单，一般具有以下消费特征：消费金额相对较多，这与多数男性是家庭收入来源的主要贡献者有关；消费比较理性，自身需求和产品性能是其主要购买动机；消费过程较独立，一般不受他人影响；购买速度相对较快，一般不存在货比三家、仔细甄别商品的细节问题。因此，接待男性顾客时，营业员应做到有问有答，不要喋喋不休。

25. 女性顾客的消费心理

女性顾客是消费群体的主流，据统计，女性在家庭消费中不做主的仅占3.9%。女性顾客的消费特征是：商品需求量大，这与女性是家庭主要购物者有关；购物前仔细规划，购物中仔细比较。也有不少女性顾客容易受环境及广告的影响，具有冲动性购买动机。营业员接待女性顾客时，要采取主动介绍商品、有耐心、适度提建议、适当赞美等销售策略。

26. 老年顾客的消费心理

老年顾客一般注重商品质量，不讲究花样，看重实用方便、价格适宜。老年顾客对于自己所熟悉的商品购买比较自信，具有理性购买动机。老年顾客特别在意营业员的服务态度和礼貌修养。老年顾客的特点是动作缓慢，挑选仔细，喜欢问长问短。因此，接待老年顾客时，营业员要耐心、和气，钱货要当面交代清楚。

27. 年轻顾客的消费心理

年轻顾客挑选商品一般看重商品外观、质量和新颖程度，喜欢漂亮时髦的商品，愿意尝试新产品。这类顾客以冲动性购买动机为主。因此，营业员要迎合其求新、求美的心理进行介绍，尽量向他们推荐目前时尚潮流的商品。

28. 顾客的购买动机

动机是以需求为前提的一种心理倾向，顾客的购买动机是因顾客的需要及偏好等心理活动而产生购买行为的内在动力。

29. 生理性动机

生理性动机是由于生理原因产生的购买动机。为了满足最基本的衣食住行需要，生理性动机驱使顾客购买一般性商品。这种动机具有稳定、重复等特点。

30. 实用性动机

实用性动机是以追求商品的使用价值为目的的购买动机。一般来说，具有这种购买动机的顾客要么收入水平不太高，要么有节俭的习惯，要么非常理性。这类顾客的共同特点是注重经济实惠和经久耐用，不太注重品牌与外观。

31. 欣赏性动机

欣赏性动机是以追求商品的欣赏价值为目的的购买动机。具有这种购买动机的顾客一般重视商品的造型、色彩等感官刺激，他们喜欢享受商品的美感所带来的精神愉悦。这类顾客一般具有一定的艺术修养，经济收入也不错。

32. 新奇性动机

新奇性动机是以追求商品的新颖、奇特为目的的购买动机。具有这种购买动机的顾客注重商品的造型、颜色、用途等是否与众不同。这类顾客一般以年轻人居多，特别是喜欢追赶潮流、叛逆型的青少年。

33. 名牌性动机

名牌性动机是以追求商品的品牌和高档为目的的购买动机。具有这种购买动机的顾客最看重商品的品牌，不少人通过购买品牌商品来彰显自已财大气粗、社会地位高贵等。这类顾客要么虚荣心强，要么经济条件好，要么非常在意商品质量。

34. 从众性动机

从众性动机是受他人影响而盲目跟风的购买动机。具有这种购买动机的顾客注重与他人保持一致，不愿游离于群体之外。这类顾客依赖性强，独立思考和决策的能力不强，比较保守。

35. 四步法销售艺术

销售艺术就是营业员运用有利于促进和扩大商品销售的方法、手段和技巧的艺术。以销售钻石为例，销售艺术分为四步，包括观察与聆听、展示商品、消除疑虑、达成交易等。

36. 接近顾客的技巧

接近顾客的技巧包括介绍法、提问法、赞美法、示范法。

37. 商品介绍技巧

介绍商品是商品销售的重要环节，介绍商品不仅仅是对商品本身进行说明，更重要的是激起顾客购买的欲望。

在介绍商品时，营业员应把握 7 点：演示商品的动作要规范、留意顾客的反应、尽可能让顾客参与演示的过程、把握时机展示商品的亮点、缓谈价格、导出顾客的利益、掌控时间。

38. 成交方法

成交方法包括直接法、选择法、小点法等。

39. 商品学概念

商品学是研究商品使用价值及变化规律的科学。

40. 商品分类

商品分类是指为了一定目的，选择适当的分类标志，将商品科学、系统地逐级划分为大类、中类、小类、品类和商品细目的过程。

二、接待投诉

1. 顾客投诉的含义

顾客投诉是指顾客通过电话、书面、当面口述等方式，向企业客服中心反映服务工作或商品方面的问题。

2. 顾客投诉处理与重购率的关系

顾客投诉对企业来说是好事，说明顾客信任企业，给企业改正错误的机会。通常，随着顾客投诉处理满意程度的提高，顾客重购率也会大幅度增加。

顾客投诉处理与重购率的关系见表 1-3-2。

表 1-3-2　顾客投诉处理与重购率的关系表

顾客投诉处理情况	重购率 / %	离开率 / %
不满意，但没有投诉	9～37	63～91
提出投诉，但没有得到处理	19～46	54～81
提出投诉，问题获得解决	54～70	30～46
提出投诉，问题得到迅速解决	82～95	5～18

3. 接待投诉的要求

（1）对于顾客投诉，处理人员的态度应谦恭有礼，耐心、仔细聆听顾客陈述，不能与顾客发生争执。

（2）一般顾客投诉当天立即处理，重要顾客投诉三天内回复。一般顾客是指购买量小、利润率低甚至无利润的顾客。重要顾客指产品流通频率高、采购量大、利润率高、忠诚度也相对高的核心顾客。

（3）对于顾客投诉，处理人员若遇到无法解决或需上级主管核实解决的投诉事件时，应向上级请示并逐级上报，直到问题解决为止。

（4）对于顾客投诉，处理人员不可自行与顾客签署任何书面文件或口头承诺顾客任何要求，而应经店长核实。

（5）处理人员处理顾客投诉时，应根据顾客是善意或恶意的而采取不同的解决方式，善意者尽量以协调方式解决，恶意者利用法律手段解决。

（6）若需要向顾客赔偿金额，应以一次性赔偿为谈判要点。

（7）如果顾客对投诉处理满意，请顾客在顾客投诉登记表上签名。

（8）记录顾客投诉处理情况并按月整理归档。

（9）顾客意见箱每日整理并追踪处理。

（10）将顾客投诉事件上报店长，每日报告前一日顾客投诉事件及处理情况，每周追踪未处理完成事项。

4. 处理投诉的礼仪

处理投诉的礼仪包括 3 m 微笑、三步问候、礼貌让座、认真倾听、细致记录、面带微笑、耐心解释、礼貌恭送等。

5. 处理投诉的步骤

处理投诉的一般步骤如下：微笑、问候（让座、倒水）；仔细倾听抱怨；详细提问，了解细节，全面掌握事实；求证对顾客的理解（重复事实过程，请顾客确认）；致歉；认可顾客的感受（如愤恨、挫折、失望等）；询问顾客的要求；说出将采取什么行动纠正错误；感谢顾客提出引起你注意的问题。

6. 处理投诉的注意事项

（1）理解与支持顾客，避免争论。

（2）倾听顾客投诉要精神集中，不可漫不经心。

（3）达成协议后要立即执行。

（4）对每一次投诉都要做好书面记录并存档。

7. 顾客异议的含义

顾客的异议是指顾客针对营业员及其在销售过程中的各种活动所做出的一种反应，是顾客对商品、价格、营业员、销售方式及交易条件等产生的怀疑和抱怨，提出的否定或反对意见。

8. 引起顾客异议的因素

引起顾客异议的因素包括需求方面、价格方面、商品质量方面、服务方面、人员方面等。

9. 需求异议

需求异议是指顾客认为商品不符合自己的需要而提出异议。这种异议的产生可能有两种原因：一是顾客确实不需要或已经拥有类似的商品；二是顾客不想购买的一种托词。对于第一种情况，营业员应立即停止推销；对于第二种情况，营业员应运用有效的异议排除技巧，尽可能促成交易。

10. 价格异议

价格异议是顾客认为价格过高而提出异议。这是最常见的异议，因为价格涉及顾客的切身利益。顾客对价格提出异议，表示顾客对商品感兴趣，只要价格便宜，就会购买。营业员应该把握时机，从商品使用寿命、款式、工艺、售后服务等方面来说明商品价格的合理性，让顾客感到物有所值。

11. 商品质量异议

商品质量异议是指顾客针对商品的质量、性能、规格、花色、包装、品种等提出异议。这种异议产生的原因很多，包括商品本身的缺陷、顾客自身的主观因素等。处理这种异议有一定的难度，特别是由于顾客自身的主观因素引起的异议。

12. 服务异议

服务异议是指顾客针对购买前后服务的具体内容、方式等提出异议。这种异议主要源自顾客自身的消费知识与消费习惯。规范服务流程、完善服务制度、提高服务水平是解决此异议的关键。

13. 人员异议

人异议是指顾客对营业员的行为提出异议。这种异议主要是由营业员自身原因造成的，包括态度不好、过分夸大商品带来的好处等。解决的办法是营业员一定要保持良好的服务态度，实事求是地介绍商品的功能。

14. 对顾客异议的处理态度

(1) 情绪平稳，轻松应对。

(2) 仔细倾听，真诚欢迎。

(3) 重复问题，求证理解。

(4) 审慎回答，保持友善。

(5) 尊重顾客，巧妙回答。

(6) 快速处理，留有余地。

15. "处变不惊"的应变能力

应变能力是对一些突发事件的有效处理能力。营业员应具备一定的应变能力，特别是在处理一些恶性投诉的时候这种能力尤显重要。

16. 挫折打击的承受能力

营业员可能会遭受被顾客误解的挫折打击，因此，营业员需要具备很强的承受能力。

17. 情绪的自我掌控和调节能力

营业员需要具备很强的情绪自我掌控及调节能力，才能从容应对各种情形。

18. 满负荷情感付出的支持能力

满负荷情感付出是指营业员对每一位顾客都能提供最好的服务,不能有所保留。

19. 积极进取、永不言败的良好心态

积极进取,永不言败的良好心态是指营业员在遇到困难或挫折时不轻言放弃。

20. 处理顾客异议的操作步骤

(1) 倾听顾客的异议。

(2) 审慎回答,保持友善。

(3) 提出解决问题的建议。

(4) 顾客做出选择,交易达成。

(5) 交易结束,微笑送别有异议的顾客。

仿真训练

一、单项选择题(请将正确选项的代号填入题内的括号中)

1. 营业员需要掌握的基本英语会话内容不包括( )。
   A. 自我介绍　B. 招呼顾客　C. 说明颜色　D. 说明价格
2. 营业员需要掌握的基本英语会话内容不包括( )。
   A. 推荐商品　B. 自我介绍　C. 说明式样　D. 表示谢意
3. 下列选项中,( )是招呼顾客的用语。
   A. Are these machine washable?　B. Do you like this style?
   C. May I take you size?　D. Good afternoon, sir.
4. 下列选项中,( )不是招呼顾客的用语。
   A. Good morning.　B. Welcome to our shop!
   C. What size would you like?　D. Can I help you?
5. 下列选项中,( )不是推荐商品的用语。
   A. I could recommend something to you.　B. It's the latest fashion, very popular.
   C. I think this one suits you well.　D. Have you got anything a bit larger?
6. 下列选项中,( )是推荐商品的用语。
   A. Can you give me some suggestions?　B. Have you got anything a bit larger?
   C. Which kind is the most durable?　D. Do you like this design?
7. 下列选项中,( )不是说明尺码的用语。
   A. It suits me fine.　B. It's too much small.
   C. This one is slightly longer.　D. How much do you measure around your waist?
8. 下列选项中,( )是说明尺码的用语。
   A. This pattern suits this type of coat.　B. It suits me fine.
   C. What size does it come in?　D. I want it a bit close around the waist.
9. 下列选项中,( )不是说明颜色的用语。
   A. It is the darkest we have in stock.　B. It's a bit too loud.
   C. This shade is quite popular this year.　D. It's the latest fashion, very popular.
10. 下列选项中,( )是说明颜色的用语。

A. It's the latest fashion, very popular.　　B. It's the latest pattern.
C. Don't you think it's a bit too dark?　　D. This style is out of fashion.

11. 下列选项中，(　　)是说明式样的用语。
A. It wears well and keeps its shape.　　B. This shade is quite popular this year.
C. How about this style?　　D. We have the same pattern in other colors.

12. 下列选项中，(　　)不是说明式样的用语。
A. I want it a bit close around the waist.　　B. We have the same pattern in other colors.
C. It wears well and keeps its shape.　　D. It's the latest pattern.

13. 下列选项中，(　　)是说明质地的用语。
A. That's too expensive!　　B. The silk one is more expensive.
C. I'd like a fold at the back of my jacket.　　D. We have the same pattern in other colors.

14. 下列选项中，(　　)不是说明质地的用语。
A. Which kind is the most durable?　　B. Is this going to shrink?
C. Do you like this style?　　D. It's better to dry it in the shade.

15. 下列选项中，(　　)是说明价格的用语。
A. It's a bit too loud.　　B. Is this going to shrink?
C. It suits me fine.　　D. How much dose it cost?

16. 下列选项中，(　　)不是说明价格的用语。
A. How much dose it cost?　　B. Is this going to shrink?
C. The price is reasonable.　　D. Sorry, we have only one price.

17. 下列选项中，(　　)不是表示道别的用语。
A. It's a pleasure.　　B. Come again please!
C. Thank you! See you.　　D. You're welcome. Bye.

18. 下列选项中，(　　)是表示道别的用语。
A. It's a pleasure.　　B. You're welcome. Bye.
C. All right.　　D. That's good.

19. 509 的英文翻译是(　　)。
A. five hundreds and nine　　B. five hundred and nine
C. fifty-nine　　D. fifty and nine

20. 3 500 的英文翻译是(　　)。
A. Thirty-five hundreds　　B. Thirty-five hundred
C. Three thousands five　　D. Three thousand and five hundred

21. 每天开业之前，营业员都要提前(　　)到岗。
A. 10 min　　B. 20 min　　C. 30 min　　D. 40 min

22. 第一印象的因素包括(　　)。
A. 仪容仪表　　B. 谈吐　　C. 沟通能力　　D. 服务态度

23. 用英语接待顾客时，表达应（　　）。
A. 书面化或口语化　B. 书面化　C. 口语化　D. 简单化
24. 用英语接待顾客时，下列说法错误的是（　　）。
A. 根据顾客需要使用英文　B. 口语化的表达要清楚
C. 使用中文式的英文　D. 英文发音要准确
25. 针对虚荣型顾客的销售策略是（　　）。
A. 和蔼可亲　B. 用数据说服顾客　C. 倾听　D. 赞美与奉承
26. 虚荣型顾客的性格特征是（　　）。
A. 总是挑商品的毛病　B. 不轻易改变原有的消费习惯
C. 喜欢表现自己　D. 不愿意接受新生事物
27. 对再好的商品，也能把它说得一无是处的是（　　）。
A. 顽固型顾客　B. 商量型顾客　C. 沉默型顾客　D. 刻薄型顾客
28. 针对刻薄型顾客的销售策略是（　　）。
A. 认真聆听顾客的需求
B. 让顾客尽情发泄后，营业员再言辞委婉地说出自己的想法
C. 介绍商品时说明重点即可
D. 尽可能耐心等待
29. 爽快型顾客的性格特征是（　　）。
A. 看中某种商品后，只要价格不太离谱，马上成交
B. 内心防线较弱，容易被说服
C. 总是挑商品的毛病
D. 货比三家再决定
30. 针对爽快型顾客的销售策略是（　　）。
A. 委婉地介绍商品　B. 认真聆听需求
C. 态度要和蔼可亲　D. 介绍商品时可以省略细节，说明重点即可
31. 关于商量型顾客，下列说法错误的是（　　）。
A. 容易被说服　B. 对待这类顾客一定要和蔼可亲
C. 接待时要认真聆听其需求　D. 向其提出中肯的建议
32. 商量型顾客的性格特征是（　　）。
A. 比较理性　B. 思想保守
C. 总是挑商品的毛病　D. 内心防线较弱，容易被说服
33. 关于沉默型顾客，下列说法正确的是（　　）。
A. 顾客目光不集中　B. 对营业员的任何话语都不感兴趣，无动于衷
C. 不敢与人正视　D. 内心防线较弱，容易被说服
34. 针对沉默型顾客的销售策略是（　　）。
A. 态度要和蔼可亲
B. 不要太刻意看着顾客
C. 应从顾客蛛丝马迹的行为中发现顾客的购买需求
D. 小心维护信任
35. 腼腆型顾客的性格特征是（　　）。

A. 比较理性　B. 目光不集中
C. 注重商品的质量　D. 比较容易被说服，并很快做出购买决定

36. 下列关于腼腆型顾客的特点表述正确的是(　　)。
A. 不敢与人正视　B. 语速较快
C. 声音响亮　D. 很难被说服

37. 慎重型顾客的性格特征是(　　)。
A. 思想保守　B. 目标明确
C. 经常会货比三家　D. 注重商品的质量，不讲究花样

38. 关于慎重型顾客，下列说法错误的是(　　)。
A. 会货比三家　B. 不愿意接受新事物
C. 考虑问题比较周全　D. 比较理性

39. 针对顽固型顾客的销售策略是(　　)。
A. 态度要和蔼可亲　B. 耐心等待
C. 应该用强有力的数据或事例说服　D. 主动寻找话题

40. 接待顽固型顾客时，下列说法正确的是(　　)。
A. 迅速拿出商品，不需要详细介绍　B. 应主动招呼
C. 掌握时机　D. 应该用强有力的数据或事例说服

41. 有目的购买商品的顾客的特点是(　　)。
A. 目标明确，直奔柜台　B. 目光不集中　C. 碰什么看什么　D. 货比三家

42. 有一位男性顾客来到飞利浦电动刮胡刀专柜，营业员应该(　　)。
A. 立刻上前介绍　B. 迅速拿出商品，有问有答，不要喋喋不休
C. 为顾客介绍其他品牌　D. 先打量其身份

43. 没有购买意向顾客的消费心理的特点是(　　)。
A. 目标明确　B. 不敢与人正视　C. 碰到什么看什么　D. 思想保守

44. 对没有购买意向顾客的接待方法是(　　)。
A. 应主动招呼，适时介绍感兴趣的商品　B. 迅速拿出商品，不需要详细介绍
C. 先观察顾客　D. 一问、二介绍、三说明

45. 下列(　　)不符合营业员对代购顾客应遵循的原则。
A. 问明使用人的要求和爱好　B. 介绍商品的用途、使用方法
C. 说明退、换货方式　D. 直接推荐新产品

46. 对代购顾客，营业员应采取的接待方法正确的是(　　)。
A. 一问、二介绍、三说明　B. 迅速拿递商品
C. 静候观察　D. 赞美与奉承

47. 下列关于男性顾客的消费心理说法正确的是(　　)。
A. 购买过程慢　B. 购买过程较快　C. 盲目消费　D. 货比三家

48. 在接待男性顾客时，营业员应采取的接待方法正确的是(　　)。
A. 为其详细说明　B. 有所问有所答
C. 介绍实惠的商品　D. 根据其社会地位介绍相应的商品

49. 女性顾客在购买商品时的特点是(　　)。
A. 购买商品时总是犹豫不决　B. 不喜欢同类产品货比三家

C. 不容易受环境及广告的影响　　D. 商品的需求量较大

50. 下列关于女性顾客的消费心理说法正确的是(　　)。

A. 愿意尝试新产品　　B. 动作缓慢　　C. 理性消费　　D. 购物中仔细比较

51. 老年顾客在购买商品时的特点是(　　)。

A. 易受环境及广告的影响　　B. 具有冲动性购买动机

C. 消费金额相对较大　　D. 动作缓慢,挑选仔细

52. 老年顾客消费时最注重(　　)。

A. 实用方便,价格适宜　　B. 产品美观

C. 款式　　D. 品牌

53. 下列关于年轻顾客的消费心理说法正确的是(　　)。

A. 理性　　B. 考虑实用商品　　C. 注重价格低廉　　D. 喜欢漂亮时髦的商品

54. 面对年轻的顾客,营业员的销售策略是(　　)。

A. 推荐时尚潮流的商品　　B. 适当提建议

C. 反复介绍商品　　D. 适当赞美

55. 顾客购买动机是指因顾客的(　　)及偏好等心理活动而产生购买行为的内在动力。

A. 质量　　B. 使用　　C. 外观　　D. 需求

56. 顾客的购买动机包括生理性动机、实用性动机、欣赏性动机、(　　)等。

A. 新奇性动机　　B. 名牌性动机　　C. 从众性动机　　D. 前三项都是

57. 出于生理性动机购买的商品的特点是(　　)。

A. 稳定、重复　　B. 经济实惠　　C. 商品质量好　　D. 经久耐用

58. 顾客由于生理原因购买商品属于(　　)动机。

A. 实用性　　B. 欣赏性　　C. 生理性　　D. 从众性

59. (　　)的顾客具有实用性动机。

A. 收入水平较高　　B. 生活很奢侈　　C. 收入水平较低　　D. 比较不理性

60. 具有实用性动机的顾客具有的特征不包括(　　)。

A. 收入水平不高　　B. 有节俭的习惯　　C. 非常理性　　D. 注重品牌

61. 具有欣赏性动机的顾客一般不注重(　　)。

A. 商品色彩　　B. 商品感官　　C. 经济实惠　　D. 商品造型

62. 欣赏性动机是以追求商品的(　　)为目的的购买动机。

A. 使用价值　　B. 欣赏价值　　C. 品牌和高档　　D. 新颖和奇特

63. 具有新奇性购买动机的顾客主要追求商品的(　　)。

A. 品牌　　B. 新颖、奇特　　C. 欣赏价值　　D. 使用价值

64. 具有新奇性动机的顾客的特征是(　　)。

A. 非常节俭　　B. 有一定的艺术修养

C. 经济条件好　　D. 是喜欢追赶潮流、叛逆型的青少年

65. 下列关于名牌性购买动机表述正确的是(　　)。

A. 追求品牌　　B. 追求使用价值　　C. 追求实用　　D. 满足生理需求

66. 下列关于具有名牌性动机的顾客的特点表述错误的是(　　)。

A. 追求商品的品牌性　　B. 非常在意商品质量

C. 以年轻人居多　　D. 追求商品的高档性

67. 具有从众性购买动机的顾客多为(　　)的人。

A. 有一定艺术修养　　B. 喜欢追赶潮流的青年

C. 注重经济实惠　　D. 依赖性强

68. 具有从众性动机的顾客(　　)。

A. 受他人影响，盲目跟风　　B. 注重品牌

C. 注重实用性　　D. 注重欣赏性

69. 四步法销售艺术的第一步是(　　)。

A. 察言观色　　B. 打招呼　　C. 介绍商品　　D. 观察与聆听

70. 四步法销售艺术的第二步是(　　)。

A. 观察与聆听　　B. 展示商品　　C. 消除疑虑　　D. 达成交易

71. 下列各项中，不属于接近顾客的方法的是(　　)。

A. 介绍法　　B. 示范法　　C. 赞美法　　D. 表演法

72. 接近顾客的技巧包括(　　)。

A. 微笑法　　B. 招呼法　　C. 提问法　　D. 选择法

73. 对于介绍商品时营业员应把握的要点表述错误的是(　　)。

A. 缓谈价格　　B. 留意顾客的反应

C. 把握时机展示商品的亮点　　D. 不要让顾客参与演示的过程

74. 对于介绍商品时营业员应把握的要点表述正确的是(　　)。

A. 留意顾客的反应　　B. 要先告知顾客价格

C. 不要让顾客参与演示的过程　　D. 尽可能多地询问顾客的需求

75. 成交方法包括(　　)。

A. 直接法　　B. 介绍法　　C. 示范法　　D. 赞美法

76. 下列(　　)不属于成交方法。

A. 直接法　　B. 选择法　　C. 诱导法　　D. 小点法

77. (　　)是研究商品使用价值的一门学科。

A. 销售学　　B. 生产学　　C. 商品学　　D. 经济学

78. 下列属于商品学内容的是(　　)。

A. 商品质量　　B. 商品销售　　C. 促销　　D. 商品推销技巧

79. (　　)是具有若干共同性质或特征的商品的总称，如食品类商品可分为蔬菜和水果、肉类和肉制品、乳和乳制品等。

A. 大类　　B. 中类　　C. 小类　　D. 商品细目

80. 对中类商品的进一步划分被称为(　　)。

A. 大类　　B. 中类　　C. 小类　　D. 商品细目

81. 企业内部一般由(　　)负责客户投诉。

A. 后勤服务中心　　B. 技术服务部　　C. 市场营销部　　D. 客服中心

82. 客户投诉说明顾客(　　)。

A. 对企业满意　　B. 信任企业　　C. 不信任企业　　D. 不懂得维权

83. 客户不满意但又没投诉，其重购率一般在(　　)。

A. 0　　B. 40%以下　　C. 50%左右　　D. 70%

84. 客户投诉后的离开率与重购率的关系是(　　)。

A. 成正比　　B. 成反比
C. 离开率高于重购率　　D. 离开率低于重购率

85. 处理客户投诉时，面对恶意顾客，营业员应利用（　　）手段解决。
A. 行政　　B. 仲裁　　C. 法律　　D. 协商

86. 顾客意见箱（　　）进行整理并追踪处理。
A. 每日　　B. 每周　　C. 每旬　　D. 每月

87. 处理投诉时的标准礼仪应当是在距顾客（　　）时面带微笑。
A. 1 m　　B. 3 m　　C. 10 m　　D. 100 m

88. 处理顾客投诉时，（　　）是解决问题的前提。
A. 微笑　　B. 解释　　C. 倾听　　D. 感谢

89. 处理客户投诉时最具有实质性意义的一点是（　　）。
A. 致歉　　B. 解释你将采取什么行动纠正错误
C. 面带微笑　　D. 认同客户的感受

90. 一般来讲，处理客户投诉的最后一步是（　　）。
A. 感谢　　B. 解释　　C. 转移话题　　D. 认可顾客的感受

91. 对每一次的投诉都要（　　）。
A. 向部门主管汇报　　B. 向企业主要负责人汇报
C. 做好书面记录　　D. 做好书面记录并存档

92. 倾听顾客投诉时，不可（　　）。
A. 不断点头　　B. 目光与顾客接触　　C. 迅速判断问题　　D. 漫不经心

93. 顾客异议一般不是针对（　　）。
A. 销售活动　　B. 促销活动　　C. 储运环节　　D. 生产环节

94. 顾客异议一般不会提出（　　）意见。
A. 否定　　B. 质疑　　C. 反对　　D. 肯定

95. 某顾客只有买国有企业的商品才放心，这表明该顾客有（　　）异议。
A. 产品　　B. 需求　　C. 权力　　D. 货源

96.（　　）一般不会引起顾客异议。
A. 盘点　　B. 需求　　C. 价格　　D. 质量

97. 需求异议是顾客认为商品（　　）而提出异议。
A. 价格太高　　B. 造型古板　　C. 质量不过关　　D. 不符合自己的需要

98. 引起顾客异议的因素首要是（　　）方面。
A. 价格　　B. 需求　　C. 家人　　D. 服务

99. 下列（　　）不是价格异议。
A. 不打算投资那么多　　B. 使用价值不大
C. 买不起　　D. 价格不合理

100. 价格异议是顾客认为价格（　　）而提出的异议。
A. 适中　　B. 过低　　C. 垄断　　D. 过高

101. 顾客自身的（　　）是引起质量异议的主要原因。
A. 文化水平　　B. 道德修养　　C. 客观因素　　D. 主观因素

102.（　　）属于质量异议。

A. 性能差　　B. 售后服务滞后　　C. 款式老　　D. 品种少

103. (　　)是解决服务异议的关键。

A. 适当降低价格　　B. 提高文化水平　　C. 提高服务水平　　D. 完善售后服务

104. 人员异议是指顾客对(　　)的行为提出异议。

A. 营业员　　B. 生产方　　C. 储运方　　D. 仲裁人员

105. 人员异议主要是由(　　)自身的原因造成的。

A. 主管　　B. 投诉处理人员　　C. 营业员　　D. 收银员

106. 对顾客异议的处理态度首要是(　　)。

A. 审慎回答　　B. 仔细倾听

C. 情绪平稳,轻松应对　　D. 保持友善

107. 顾客陈述异议时营业员应(　　)。

A. 仔细倾听　　B. 认真回答　　C. 情绪平稳　　D. 轻松应对

108. 在处理一些(　　)的时候,应变能力尤为重要。

A. 恶性投诉　　B. 顾客异议　　C. 一般投诉　　D. 善意投诉

109. 应变能力是指对一些突发事件的有效(　　)能力。

A. 协调　　B. 社交　　C. 处理　　D. 抗打击

110. 当营业员遇到被顾客(　　)的挫折打击时,应尽快为顾客解决问题。

A. 理解　　B. 疑虑　　C. 冷淡　　D. 误解

111. 营业员可能会遭受被顾客误解的挫折打击,因此营业员需要具备很强的(　　)。

A. 承受能力　　B. 判断能力　　C. 协调能力　　D. 语言能力

112. (　　)需要具备很强的情绪自我掌控及调节能力。

A. 顾客　　B. 理货员　　C. 营业员　　D. 采购员

113. 营业员心情不好,情绪低落时,尤其需要具备(　　)。

A. 应变能力　　B. 语言能力

C. 情绪的自我调节能力　　D. 承受挫折的能力

114. 满负荷情感付出是指(　　)对每一位顾客都能提供最好的服务,不能有所保留。

A. 理货员　　B. 保管员　　C. 营业员　　D. 采购员

115. 营业员对每一位顾客都保持饱满的热情,指的是(　　)。

A. 满负荷情感付出的支持能力　　B.“处变不惊”的应变能力

C. 挫折打击的承受能力　　D. 积极进取、永不言败的良好心态

116. 积极进取、永不言败的良好心态是指营业员在遇到困难或(　　)时不轻言放弃。

A. 挫折　　B. 麻烦　　C. 荣誉　　D. 误解

117. 积极进取、永不言败的良好心态与(　　)有很大的关系。

A. 情感　　B. 情绪　　C. 团队　　D. 心情

118. 处理顾客异议的基本操作中,最核心的是(　　)。

A. 尊重顾客,巧妙回答　　B. 提出解决问题的建议

C. 与顾客协商　　D. 审慎回答,保持友善

119. 如果顾客的反对意见切中了产品或公司所提供的服务中的缺陷,应该(　　)。

A. 转折处理　　B. 强调利益　　C. 委婉处理　　D. 肯定缺点,淡化处理

120. 服务异议源自顾客的(　　)。

A. 文化水平　B. 道德修养　C. 需求　D. 消费知识和消费习惯

二、多项选择题(请将正确选项的代号填入题内的括号中)

1. 对营业员来说,能用英语与外国人交流,会(　　)。
A. 提高成交率　B. 增加销售额　C. 促进职业发展　D. 有出国的机会
E. 与外国人建立良好的个人关系
2. 下列选项中,(　　)是招呼顾客的用语。
A. Good evening, Mrs Smith.　B. How do you do?
C. May I take your size?　D. What can I do for you?
E. How about this style?
3. 下列选项中,(　　)是推荐商品的用语。
A. Can you give me some suggestions?　B. It's better to dry it in the shade.
C. I can recommend something to you.　D. That's too expensive!
E. Have a look at this one.
4. 下列选项中,(　　)不是说明尺码的用语。
A. This pattern suits this type of coat.　B. It's my size.
C. It suits me fine.　D. I want a medium-sized one.
E. What size does it come in?
5. 下列选项中,(　　)是说明颜色的用语。
A. It's the latest fashion, very popular.
B. I think you might want to go with something a little lighter.
C. This style is out of fashion.
D. It's a bit too loud.
E. This shade is quite popular this year.
6. 下列选项中,(　　)不是说明式样的用语。
A. It's not easily crushable.
B. This pattern suits this type of coat.
C. I think you might want to go with something a little lighter.
D. The design is quite fashionable.
E. We have the same pattern in other colors.
7. 下列选项中,(　　)是说明质地的用语。
A. We also have one with stripes.　B. It wears well and keeps its shape.
C. Will these bleed in the wash?　D. Which kind is the most durable?
E. It's made of pure brocade.
8. 下列选项中,(　　)不是说明价格的用语。
A. Is this going to shrink?　B. That's too expensive!
C. That's the bottom price.　D. This is real leather.
E. It's a bit too loud.
9. 下列选项中,(　　)是表示道别的用语。
A. Good-bye.　B. All right.

C. See you again. D. Thank you for shopping.

E. Don't mention it.

10. 关于 1/4 的英文翻译,下列说法正确的是(　　)。

A. A quarter　B. one quarter　C. one and fourth　D. one fourth

E. A fourth

11. 用英语接待顾客前的操作准备主要包括(　　)。

A. 顾客到来之前应清理好工作台面　B. 以甜美的笑容迎接顾客

C. 随时准备好用英文接待　D. 看英文书

E. 查词典

12. 下列关于用英语接待顾客的注意事项表述不正确的是(　　)。

A. 杜绝中文式的英文　B. 尽量不主动接近外国人

C. 对答流利　D. 根据需求使用英文

E. 不回答与商品无关的话题

13. 下列(　　)不是对待虚荣型顾客的策略。

A. 用强有力的数据或事例说服顾客　B. 赞美与奉承

C. 让顾客发泄　D. 满怀激情对待顾客

E. 认真聆听顾客的需求

14. 关于刻薄型顾客的特征与营业员的接待技巧,下列说法错误的是(　　)。

A. 总是挑商品的毛病

B. 让顾客尽情发泄后,营业员再言辞委婉地说出自己的想法

C. 营业员用数据说服顾客

D. 对营业员的话语不感兴趣

E. 营业员应认真聆听顾客的需求

15. 关于爽快型顾客的特征与营业员的接待技巧,下列说法正确的是(　　)。

A. 看中某种商品后,只要价格不太离谱,马上成交

B. 爽快的原因之一是本性使然

C. 营业员要满怀激情地对待这类顾客

D. 对任何话不感兴趣

E. 不敢与人正视

16. (　　)顾客比较容易被说服购买商品。

A. 沉默型　B. 商量型　C. 实用型　D. 腼腆型

E. 从众型

17. 沉默型顾客沉默的原因可能是(　　)。

A. 心情不好　B. 太累了　C. 故意沉默　D. 信任产品

E. 性格原因

18. 关于腼腆型顾客的特征与及营业员的接待技巧,下列说法错误的是(　　)。

A. 目光不集中,碰到什么看什么　B. 营业员要有所问有所答

C. 营业员要主动介绍商品　D. 不敢与人正视

E. 营业员要和蔼可亲

19. 关于慎重型顾客的特征及营业员的接待技巧,下列说法错误的是(　　)。

A. 营业员介绍商品时省略细节　B. 不太容易被说服
C. 营业员用强有力的数据说服　D. 营业员主动提建议
E. 营业员不要太刻意看着他们

20. 关于顽固型顾客的特征及营业员的接待技巧下列说法错误的是(　　)。
A. 不愿意接受新生事物　B. 一般看重实用方便
C. 选择价格适宜的商品　D. 营业员应该用数据或事例说服顾客
E. 消费过程较独立

21. 下列关于有购买目的顾客的消费心理说法错误的是(　　)。
A. 目光不集中　B. 目标明确,直奔柜台
C. 碰到什么看什么　D. 看到合适的就买
E. 营业员需要详细解释

22. 对于没有购买意向的顾客的接待方法是(　　)。
A. 主动打招呼　B. 介绍顾客可能感兴趣的产品
C. 诱导其冲动购买　D. 掌握适当的时机
E. 直接拿出某品牌进行介绍

23. 在接待受朋友所托购买商品的顾客时,下列做法正确的是(　　)。
A. 一问、二介绍、三说明　B. 详细咨询使用者的要求和爱好及其特点
C. 向其说明商品的退换原则　D. 鼓励其买高价格的商品
E. 诱导其冲动购买

24. 下列属于男性顾客消费心理的有(　　)。
A. 购买速度慢　B. 理性消费　C. 购买速度快　D. 不易受他人影响
E. 购前仔细规划

25. 营业员接待女性顾客时应(　　)。
A. 主动介绍商品　B. 介绍商品时要有耐心
C. 无须喋喋不休　D. 适当赞美
E. 说明退、换货的原则

26. 老年顾客在购买商品时的特征是(　　)。
A. 具有理性购买动机　B. 动作缓慢　C. 不考虑价格　D. 注重新款
E. 看重实用方便

27. 下列符合年轻人的购买特点的是(　　)。
A. 注重实用的商品　B. 喜欢漂亮时髦的商品　C. 冲动性购买　D. 注重价格低廉
E. 愿意尝试新品

28. 顾客购买动机是因顾客的(　　)等心理活动而产生购买行为的内在动力。
A. 需求　B. 偏好　C. 欲望　D. 喜欢
E. 渴望

29. 生理性动机具有(　　)的特点。
A. 稳定性　B. 不稳定性　C. 重复性　D. 不固定性
E. 可靠性

30. 实用性购买动机的特点是(　　)。
A. 注重经济实惠　B. 注重经久耐用　C. 不太注重品牌　D. 以使用价值为目的

E. 稳定、重复

31. 下列关于具有欣赏性动机的顾客的特征表述正确的是(　　)。

A. 追求商品的使用价值　　B. 追求商品的欣赏价值

C. 重视商品造型　　D. 经济收入不错

E. 有一定的艺术修养

32. 下列关于具有新奇性动机的顾客的特征表述正确的是(　　)。

A. 追求商品的新颖、奇特　　B. 看重商品品牌

C. 彰显自己的社会地位　　D. 注重商品的造型、颜色、用途等

E. 以年轻人居多

33. 具有名牌性动机的顾客的特点是(　　)。

A. 追求商品的高档性　　B. 最看重商品的品牌

C. 彰显自己的社会地位高贵　　D. 重视商品的造型等

E. 比较保守

34. 下列顾客中,(　　)具有从众性购买动机。

A. 依赖性强的人　　B. 独立思考能力不强的人

C. 决策能力不强的人　　D. 虚荣心强、爱面子的人

E. 老年人

35. 下列关于四步法销售艺术的表述正确的是(　　)。

A. 主动招呼　　B. 观察与聆听　　C. 展示商品　　D. 消除疑虑

E. 达成交易

36. 下列各项中,属于接近顾客的方法的是(　　)。

A. 介绍法　　B. 提问法　　C. 示范法　　D. 表演法

E. 赞美法

37. 下列各项属于介绍商品时应把握的要点的是(　　)。

A. 导出顾客的利益　　B. 不要让顾客参与演示的过程

C. 把握时机展示商品的亮点　　D. 缓谈价格

E. 掌控时间

38. 成交方法包括(　　)。

A. 成功法　　B. 交易法　　C. 小点法　　D. 直接法

E. 选择法

39. 商品学的具体内容包括(　　)。

A. 新商品开发　　B. 商品质量及其影响

C. 商品检验　　D. 商品分类与编码

E. 商品广告

40. 商品分类的层次包括(　　)。

A. 大类　　B. 中类　　C. 小类　　D. 商品细目

E. 商品品种

41. 客户投诉的客体一般是(　　)。

A. 服务　　B. 劳务　　C. 商品　　D. 质量

E. 价格

42. 顾客投诉的处理情况主要有(　　)。
A. 不满意,但没投诉　　B. 提出投诉,但没得到处理
C. 提出投诉,问题获得解决　　D. 提出投诉,问题得到迅速解决
E. 很满意,但又投诉

43. 重要客户指(　　)的核心客户。
A. 产品流通频率高　　B. 采购量大　　C. 利润率高　　D. 忠诚度相对高
E. 政府采购

44. 处理顾客投诉的礼仪包含(　　)。
A. 礼貌让座　　B. 认真倾听　　C. 面带微笑　　D. 耐心解释
E. 礼貌恭送

45. 处理客户投诉的步骤主要是(　　)。
A. 热情接待　　B. 亲切询问　　C. 仔细倾听　　D. 不停赞美
E. 感谢顾客

46. 处理顾客投诉时的注意事项中,首要的一条是(　　)。
A. 要有耐心　　B. 不急躁　　C. 保持微笑　　D. 理解与支持顾客
E. 避免争论

47. 顾客异议是指顾客对(　　)等发出的怀疑、抱怨。
A. 商品　　B. 价格　　C. 营业员　　D. 交易条件
E. 销售方式

48. 引起顾客异议的因素有(　　)。
A. 需求　　B. 价格　　C. 质量　　D. 服务
E. 人员

49. 虚假的需求异议往往表现为(　　)。
A. 降价再买　　B. 延期付款
C. 顾客拒绝的借口　　D. 顾客没有认识到自己的需求
E. 分期付款

50. 下列属于价格异议的是(　　)。
A. 不打算投资那么多　　B. 太贵了
C. 不合算　　D. 价格不合理
E. 别人卖得比你便宜

51. 从商品角度出发,会引起顾客异议的因素有(　　)。
A. 质量　　B. 性能　　C. 规格　　D. 包装
E. 售后服务

52. 服务异议是顾客针对购买前后的(　　)等方面提出的异议。
A. 商品质量　　B. 商品价格　　C. 信誉　　D. 服务具体内容
E. 服务方式

53. 人员异议主要体现在(　　)。
A. 产品功能不全　　B. 价格过高
C. 态度不好　　D. 过分夸大商品带来的好处
E. 货源来路不明

54. 对顾客异议的处理态度包括(　　)。

A. 情绪平稳,轻松应对　　B. 仔细倾听,真诚欢迎

C. 重复问题,求证理解　　D. 审慎回答,保持友善

E. 快速处理,留有余地

55. 下列关于营业员的应变能力说法正确的是(　　)。

A. 具备一定的应变能力

B. 处理恶性投诉时应变能力尤显重要

C. 应变能力是对突发事件的有效处理能力

D. 对情绪有自我掌控能力

E. 有很强的承受能力

56. 营业员遇到被顾客误解的挫折与打击时应(　　)。

A. 与顾客讲清道理　　B. 具备很强的承受能力

C. 稳住顾客的情绪　　D. 与顾客理论

E. 尽快为顾客解决问题

57. 营业员需要具备很强的(　　)能力。

A. 语言　　B. 情绪掌控　　C. 判断　　D. 欣赏

E. 调节

58. 下列关于满负荷情感付出能力说法正确的是(　　)。

A. 无论何时对待顾客应一视同仁　　B. 接待顾客时要热情饱满

C. 要毫无保留地付出　　D. 稳住顾客的情绪

E. 尽快为顾客解决问题

59. 关于积极进取、永不言败的良好心态,下列说法正确的是(　　)。

A. 良好的心态与团队有很大的关系　　B. 遇到困难和挫折时不轻言放弃

C. 干一行,爱一行　　D. 对顾客要一视同仁

E. 接待顾客时情绪要饱满

60. 处理顾客异议的基本操作步骤有(　　)。

A. 倾听顾客的异议　　B. 审慎回答,保持友善

C. 提出解决问题的建议　　D. 达成一致

E. 交易结束,微笑送别有异议的顾客

三、判断题(对的画"√",错的画"×")

(　　) 1. 用英语接待来访的外国客人,有助于与外国人建立良好的个人关系。

(　　) 2. "You're welcome." 是招呼顾客的用语。

(　　) 3. "I think this one suits you well." 是推荐商品的用语。

(　　) 4. "This pattern suits this type of coat." 是说明尺码的用语。

(　　) 5. "This shade is quite popular this year." 是说明颜色的用语。

(　　) 6. "I'd like a fold at the back of my jacket." 是说明式样的用语。

(　　) 7. "It's not easily crushable." 不是说明质地的用语。

(　　) 8. "The silk one is more expensive." 是说明价格的用语。

(　　) 9. "Don't mention it." 是表示道别的用语。

（　　）10. 6%的英文翻译是“six percent”。
（　　）11. 干净、整洁的工作台面能给顾客留下美好的印象。
（　　）12. 英语用词要准确，句子要短。
（　　）13. 虚荣型顾客总是挑商品的毛病，再好的质量也能说出一些不足之处。
（　　）14. 刻薄型顾客总是挑商品的毛病，再好的质量也能说出一些不足之处。
（　　）15. 营业员向爽快型顾客介绍商品时，细节可以省略，说明重点即可。
（　　）16. 商量型顾客内心防线较弱，容易被说服。
（　　）17. 如果顾客不爱说话是因为性格原因，应该寻找话题，拉近双方的距离，再引入正题。
（　　）18. 对待腼腆型顾客一定要和蔼可亲，要刻意看着他们。
（　　）19. 慎重型顾客和男性顾客一样，考虑问题比较周到，经常会货比三家。
（　　）20. 顽固型顾客和老年顾客都不太愿意接受新事物。
（　　）21. 目标明确，但是要逛完所有的柜台再决定买哪种产品，这是有购买目的顾客的消费心理。
（　　）22. 有目标，碰到什么看什么，属于没有购买意向顾客的消费心理。
（　　）23. 对代购的顾客，营业员应直接推荐其买高价格的商品。
（　　）24. 男性顾客消费较理性，购买速度较快，不易受他人影响。
（　　）25. 女性顾客购买商品面大，盲目购买商品，不易受环境及广告影响。
（　　）26. 着重考虑外观、质量、新颖程度，喜欢漂亮、时髦的商品，愿意尝试新产品是老年人的消费心理。
（　　）27. 青年人挑选商品时一般着重考虑质量，不喜欢漂亮、时髦的商品。
（　　）28. 需要是以动机为前提的一种心理倾向。
（　　）29. 生理性动机具有不稳定性。
（　　）30. 实用性动机是以追求商品的使用价值为目的的购买动机。
（　　）31. 具有欣赏性动机的顾客一般不具有一定的艺术修养。
（　　）32. 具有新奇性动机的顾客一般以年轻人居多，特别是喜欢追赶潮流、叛逆型的青少年。
（　　）33. 名牌性动机是以追求商品的品牌和高档为目的的购买动机。
（　　）34. 从众性动机是受他人影响，盲目跟风的购买动机，这类顾客注重实用性。
（　　）35. 四步法销售艺术的内容包括展示商品、消除疑虑、讨价还价、达成交易。
（　　）36. 提问法是以回答顾客问题的方式打开局面，迅速抓住顾客的购买需求。
（　　）37. 在介绍商品时营业员应当先告知顾客价格，以免做无用功，浪费时间。
（　　）38. 直接法能够减轻顾客的心理压力，推动交易的顺利完成，所以是最常见的一种成交方法。
（　　）39. 商品学的内容不包括信息与商品的预测。
（　　）40. 商品学是研究商品使用价值及变化规律的科学。
（　　）41. 客户投诉对企业来说是好事。
（　　）42. 随着客户投诉处理满意率的提高，不满意但又回头的客户比重会大幅度增加。
（　　）43. 若需要向顾客赔偿金额，营业员应以一次性赔偿为谈判要点。
（　　）44. 处理顾客投诉时，如果责任在于顾客，营业员就没必要面带微笑。
（　　）45. 处理投诉过程中，营业员要认可客户的感受，如愤恨、挫折、失望等，并询问客户的要求。

(　　)46. 营业员不用对每一次的投诉都做好书面记录并存档。
(　　)47. 顾客异议是指顾客针对营业员及其在生产、储运、销售全部过程中的行为做出的一种反应。
(　　)48. 引起顾客异议的因素包含需求、价格、服务等方面。
(　　)49. 如果顾客不想购买是一种托词，营业员应运用有效的异议排除技巧，尽可能促成交易。
(　　)50. 价格并不涉及顾客的切身利益。
(　　)51. 质量异议是顾客针对商品的质量、性能、规格、花色、包装、售后服务等方面提出的异议。
(　　)52. 加强服务就是提高商品的附加值。
(　　)53. 人员异议主要是靠营业员自身解决。
(　　)54. 对有些顾客异议的处理，营业员拖延时间会更好一些。
(　　)55. 应变能力是对一些突发事件的有效协调能力。
(　　)56. 营业员遇到被顾客误解的挫折与打击时，应尽快为顾客解决问题。
(　　)57. 营业员需要具备很强的欣赏能力。
(　　)58. 满负荷情感付出是指营业员对每一位顾客都能提供最好的商品，不能有所保留。
(　　)59. 营业员良好的接待心态与领导者有很大的关系。
(　　)60. 营业员处理顾客的异议时，营业员既要解决问题，又要坚持立场。

参考答案

一、单项选择题

1. A	2. B	3. D	4. C	5. D	6. A	7. A	8. C	9. D	10. C
11. A	12. B	13. B	14. C	15. D	16. B	17. A	18. B	19. B	20. D
21. C	22. A	23. C	24. C	25. D	26. C	27. D	28. B	29. A	30. D
31. B	32. D	33. B	34. C	35. D	36. A	37. C	38. B	39. C	40. D
41. A	42. B	43. C	44. A	45. D	46. A	47. B	48. B	49. D	50. D
51. D	52. A	53. D	54. A	55. D	56. D	57. A	58. C	59. C	60. D
61. C	62. B	63. B	64. D	65. A	66. C	67. D	68. A	69. D	70. B
71. D	72. C	73. D	74. A	75. A	76. C	77. C	78. A	79. B	80. C
81. D	82. B	83. B	84. B	85. C	86. A	87. B	88. C	89. B	90. A
91. D	92. D	93. C	94. D	95. D	96. A	97. D	98. B	99. B	100. D
101. D	102. A	103. C	104. A	105. C	106. C	107. A	108. A	109. C	110. D
111. A	112. C	113. C	114. C	115. A	116. A	117. C	118. B	119. D	120. D

二、多项选择题

1. ABC	2. ABD	3. ACE	4. AC	5. BDE
6. ACE	7. CDE	8. ADE	9. ACD	10. ABDE
11. ABC	12. BE	13. ACDE	14. CDE	15. ABC
16. BD	17. CE	18. ABC	19. ACDE	20. BCE
21. ACE	22. ABCD	23. ABC	24. BCD	25. ABD

26. ABE	27. BCE	28. AB	29. AC	30. ABCD
31. BCDE	32. ADE	33. ABC	34. ABCE	35. BCDE
36. ABCE	37. ACDE	38. CDE	39. ABCDE	40. ABCD
41. AC	42. ABCD	43. ABCD	44. ABCDE	45. ABC
46. DE	47. ABCDE	48. ABCDE	49. CD	50. ABCDE
51. ABCD	52. DE	53. CD	54. ABCDE	55. ABC
56. BCE	57. BE	58. ABC	59. AB	60. ABCDE

三、判断题

1. ×	2. ×	3. √	4. ×	5. √	6. √	7. ×	8. ×	9. ×	10. √
11. √	12. ×	13. ×	14. √	15. √	16. √	17. ×	18. ×	19. ×	20. √
21. ×	22. ×	23. ×	24. √	25. ×	26. ×	27. ×	28. ×	29. ×	30. √
31. ×	32. √	33. ×	34. ×	35. ×	36. ×	37. ×	38. ×	39. ×	40. √
41. √	42. √	43. √	44. ×	45. √	46. ×	47. ×	48. √	49. √	50. ×
51. ×	52. √	53. √	54. ×	55. ×	56. √	57. ×	58. ×	59. ×	60. √

第五单元　商品清查

学习目标

(1)熟悉商品盘点的目的、原则和要求。
(2)掌握商品盘点的方法。
(3)熟悉商品盘点工具的使用。
(4)掌握商品盘点制度。
(5)掌握商品出现差错的原因及避免出错的方法。
(6)熟悉商品盘点后的主要工作。
(7)熟悉盘点差错分析及要求。
(8)了解残损商品的处理。
(9)掌握商品调价的原因。
(10)了解销售商品的分类知识。
(11)掌握合理的商品结构知识。
(12)熟悉影响库存商品的因素。
(13)掌握商品库存数量与时间控制的知识。

考核要点

考核类别	考核范围	考　核　点	重要程度
商品清查	商品盘点	商品盘点的含义	★★
		商品盘点的目的	★★

续表

考核类别	考核范围	考　核　点	重要程度
商品清查	商品盘点	商品盘点的一般原则	★★★
		提高商品盘点效率的原则	★★★
		商品盘点的要求	★★★
		编制盘点计划	★★★
		确定盘点时间	★★★
		盘点前的账务处理	★★★
		盘点人员安排	★★★
		盘点表的使用	★★★
		点数的原则及规定	★★★
		盘点环境准备	★★★
		盘点表及盘点工具准备	★★★
		商品盘点准备的注意事项	★★★
		商品盘点的方法	★★★
		账面盘点法	★★★
		现货盘点法	★★★
		商品盘点工具的使用	★★
		商品盘点制度	★★★
		商品盘点操作	★★★
		商品盘点的注意事项	★★★
		商品出现差错的原因	★★★
		避免出错的方法	★★★
		商品盘点后的主要工作	★★
		盘点差错分析	★★
		有因盘亏的原因及责任划分	★★
		残损商品的范围	★
		残损商品的管理职责	★
		残损商品的处理原则	★
		商品调价的原因	★★★
		商品盘点后的处理	★★★
	商品分析	销售商品的分类	★
		商品分类的原则	★
		优化商场商品结构的重要性	★★★
		优化商品结构应考虑的指标	★★★
		商品销售排行榜	★★★
		商品贡献率	★★★

续表

考核类别	考核范围	考　核　点	重要程度
商品清查	商品分析	损耗排行榜	★★★
		商品周转率	★★★
		ABC 分析法的概念	★★★
		ABC 分析法的原理	★★★
		ABC 分析法的具体步骤	★★★
		销售商品结构分析的注意事项	★★★
		影响库存商品的因素	★★
		商品库存的合理数量	★★
		商品库存的合理结构	★★
		商品库存的合理时间	★★
		商品库存的合理空间	★★
		商品库存的数量控制	★★★
		商品库存的时间控制	★★★
		商品库存的结构控制	★★★

知识网络

本单元对营业员涉及的商品清查知识进行了概述，为方便学员从整体上理解和掌握本单元知识，现将本单元涉及的考核要点以网络图的形式表达如下：

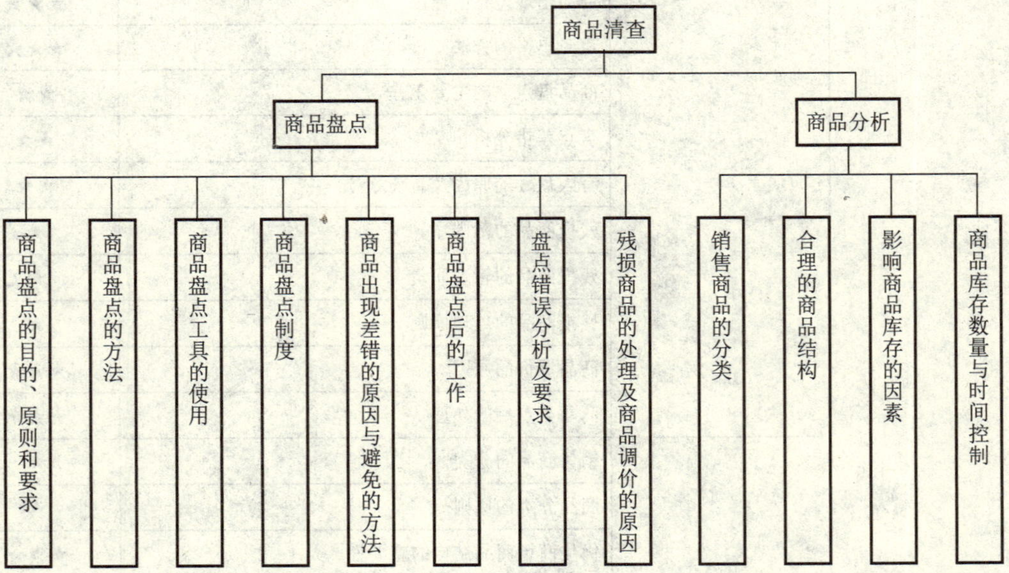

考点导航

一、商品盘点

1. 商品盘点的含义

商品盘点是指定期或临时对商品的实际数量进行清查、清点的作业，即为了掌握货物销售的流动情况（入库、在库、出库的流动情况），将现有商品的实际数量与保管账上记录的数量进行核对，以便准确掌握库存数量。

2. 商品盘点的目的

通过盘点，可以了解以下情况：

（1）了解店铺在本盘点周期内的亏盈状况。

（2）了解目前店铺最准确的库存金额，将所有商品的电脑库存数据恢复正确。

（3）得知损耗较大的营运部门、商品大组以及个别单品，以便在下一个营运年度加强管理，控制损耗。

（4）发掘并清理滞销商品、临近过期商品，整理环境，清除死角。

3. 商品盘点的一般原则

商品盘点的一般原则是真实、准确、完整、清楚、团队合作。

4. 提高商品盘点效率的原则

提高商品盘点效率的原则有即时盘点原则、售价盘点原则。

5. 商品盘点的要求

为保证账物相符，减少损失，加快商品流通速度，盘点时间一般确定为周、月、季、年度等，大件商品和贵重商品的盘点要求做到日清日结。确定商品的盘点时间非常重要，应在尽可能投入较少资源的同时，根据商品不同的特性、价值高低、流通速度、重要程度等来确定盘点时间。

6. 编制盘点计划

很多商场的盘点主持人由于缺乏经验，没有做好盘点计划，结果乱成一团，尤其是没有针对预盘阶段进行深入计划，以致复盘时柜组乱得不可收拾，导致拖延复盘日期，令参与者怨声载道。

一般来说，盘点计划应在复盘日期的一个月前就要具体拟订并发布。比如预定6月26日到6月30日为复盘周期（一般人所称的“大盘点”，专指复盘），那么5月31日前就要确定盘点计划。只有这样，才可以要求柜组营业员做好预盘，确保复盘的有效执行。

编制商品盘点计划时应掌握一定的技巧：首先，计划要考虑周详。例如，计算好每一位预盘主办员每天能用多少时间真正进行预盘（由于每天仍要进行销售作业，因此可能每天仅有2～3 h可以真正、有效地从事预盘作业），共有多少商品，大约需要多少天才可以完成预盘。其次，对预盘阶段的控制也很重要，需要有明细的计划。一般情况下，由预盘主办员自己拟出各储位区甚至储位的预盘计划，然后由盘点主持人负责调整，再依此进行控制。

7. 确定盘点时间

一般来说，为保证账货相符，商品盘点次数越多越好，但盘点需要投入人力、物力、财力，有时大型全面盘点还可能引起销售的暂时停顿，所以合理地确定盘点时间非常必要。引起盘点结果盈亏的关键原因在于出入库过程中发生错误，出入库越频繁，引起的误差也会随之增加。

在决定盘点时间时，既要防止过久盘点给商场造成的损失，又要考虑配送中心资源有限、商品流通速度较快的特点，在尽可能投入较少资源的同时加强库存控制。可以根据商品的不同特性，如价值大小、流通速度、重要程度等来分别确定不同的盘点时间，盘点时间间隔可以是每天、每周、每月、每年等。一般情况下，价值越高、流通速度越快、重要程度越高的商品，盘点的周期越短。如 A 类重要货品每天或每周盘点一次，B 类一般货品每 2～3 周盘点一次，C 类不重要货品每月盘点一次即可。

另外，需要注意的是，每次盘点持续的时间应尽可能短，全面盘点以 2～6 天内完成为佳。盘点时间一般会选择：① 财务结算前夕，通过盘点计算损益，以查清财务状况；② 淡季，因为淡季储货较少，业务不太繁忙，盘点较为容易，投入资源较少，且人力调动也较为方便。

此外，还需注意以下几点：

（1）一般企业为每月盘点一次，盘点时间为 25 日前，具体时间由财务部门于盘点月份 20 日前通知到位。

（2）因各企业实际情况不同，若需更改盘点日期，应提前 5 天申请更改并通知有关部门。

（3）有些企业盘点时间一般定为晚上营业结束后，特殊情况除外。

8. 盘点前的账务处理

由于商场经营的商品种类繁多，对于各类商品的实际成本计算有一定的困难，所以一般采用零售价格法来进行账面盘点。其计算公式如下：

账面金额 = 上期库存零售额 + 本期进货零售额 − 本期销售金额 + 本期调整变价金额

此外，盘点前的账务处理还需注意以下几点：

（1）必须做好盘点前的清账工作，对有单无货、有货无单等情况应及时查明原因，做到账账相符、账实相符。

（2）应于盘点前对变价、报损单据进行汇总结账。

（3）盘点当天的营业额应全部结清，销货单据应全部入账。

（4）到期不能退货商品应全部报损。

9. 盘点人员安排

（1）人员安排的要求。

① 分店楼面部门除必需的留守人员外，所有人员均应参加年度盘点，包括行政部门等，必须支援楼面盘点工作。

② 盘点前一个月，各个部门对参加盘点的人员进行排班。盘点前一周，原则上取消年假休息，盘点当日应停止任何休假。

③ 各个部门将参加盘点的人员名单报盘点小组，必须注明哪些是点数人员、哪些是录入人员。

④ 盘点小组统一对全店的盘点人员进行安排，分为库存区盘点人员和陈列区盘点人员。

⑤ 盘点小组安排盘点日陈列区的人员时，各个分区小组中必须包括本区营运部门的经理、主管和熟练员工。

⑥ 盘点小组在每一个分区小组的人员安排中，必须明确初点录入人员和点数人员、复点录入人员和点数人员等。

（2）人员安排的通告。

① 盘点小组的人员安排。

a. 盘点小组在上报参加盘点的人员名单和排班后，对楼面所有盘点人员做出安排，于盘点前7天以书面通知、公告的方式通知各个部门。

b. 盘点人员分别按库存区盘点和陈列区盘点来安排。将超市的盘点区域分成不同的盘点分区，每个分区各设一个盘点分组和分控制台，每个分控制台设置一名分台长，全面控制盘点工作的进行。

② 盘点复查人员的安排。

根据盘点情况，复查人员分别按库存区盘点和陈列区盘点来安排。要求每个分区都必须安排人员进行复查。重点是贵重商品、销售金额较大的商品以及比较容易出现点数错误的区域。

10. 盘点表的使用

(1) 盘点小组应对所有区域设置盘点表。

(2) 盘点表是编号的，在某一编号下，盘点表必须经过盘点小组的登记审核才可以增加。

(3) 盘点前到总控制台领取盘点表，盘点完毕，将盘点表填写清楚后，交回总控制台。

(4) 填好的盘点表必须经有关部门盘点专员抽查确认后才能封存，并等待输入计算机系统。

(5) 如果需要修改盘点表上的数字，不能用涂改液，必须将原来的数据划掉后重新书写。

(6) 盘点表上只记录商品品名，盘点表上的数据是该商品在相应盘点位置下的所有库存总数。

(7) 盘点表上的数据只能用蓝色、黑色签字笔或圆珠笔书写，不能用红笔、铅笔或彩色笔书写。

(8) 盘点人员必须在盘点表上用中文正楷字体签字。

11. 点数的原则及规定

(1) 点数的原则。

① 点数必须以商品的销售单位作为盘点时的计数单位。

② 库存区的盘点为两人一组，同时点数，当两人的点数一致时，才将该数据作为盘点数据记录在盘点表上。

③ 陈列区的盘点采取互点法，即商品A的初点作业人员与复点作业人员不同，点数人员与记录人员不同。

④ 非供应商免费提供的样品必须点数，样品的配件不点数。

⑤ 赠品不盘点。

⑥ 不足一个销售单位的商品不计数。

(2) 初点规定。

① 盘点货架或冷冻柜、冷藏柜时，依序由左至右、自上而下进行；两人一组，一人点数，并将数量写在自粘贴纸上，放置在商品价格卡的上面，另一人用数据采集器(盘点机)输入数字。

② 盘点数字书写要工整，不可潦草，以防混淆。

③ 清点时一定要按销售单位进行，不够一个销售单位的不能计入，应取出归入待处理品堆放处。

④ 盘点时要查看商品的有效期，过期商品不应点数，应归入待处理品堆放处。

⑤ 对无法查找编号的商品，用红色自粘贴纸做标记，并报告分控制台进行处理。

⑥ 遇到非本部门的散货，将其送到分控制台，归入散货区堆放处。

(3) 复点规定。

① 复点时应先确认需要复点的区域是否已经完成初点的录入,有无遗漏区域。

② 复点需要使用不同颜色的自粘贴纸,以示区别。

③ 复点时重复初点流程,但人员不同。

(4) 抽点规定。

需要抽查盘点的商品是初点与复点中有数量差异的商品、初点与复点中漏点的商品、初点与复点中位置不正确的商品。

12. 盘点环境准备

盘点作业开始之前必须对盘点现场进行整理,以提高盘点作业的效率和盘点结果的准确性。清理工作主要包括以下几个方面的内容:

(1) 盘点前对已验收入库的商品进行整理并归入储位,对未验收入库且属于供货商的商品应区分清楚,避免混淆;对残次品应进行清理,并归位放齐;对退货商品应及时处理,暂无法退货的应加以标注;对赠品应进行清理,单独存放并加以标注。

(2) 关闭盘点场所应提前通知,对于需要出库配送的商品,提前做好准备。

(3) 账卡、单据、资料均应整理后统一结清,以便及时发现问题并加以预防。

(4) 预先鉴别变质、损坏的商品,及时从店铺中清理出报废品。对储存场所堆码的货品进行整理,特别是对散乱货品进行收集与整理,以方便盘点时计数。在此基础上,由商品保管人员进行预盘,以便及时发现问题并加以预防。

(5) 整理内仓、货架上的陈列商品。

(6) 清除店铺内的死角。

13. 盘点表及盘点工具准备

(1) 盘点表的准备。

① 营业员应于盘点前天抄写盘点表(提前对商品品名等进行抄写,并填写盘点表,一式三份)。

② 盘点负责人或组长、处长应对已抄好货架、内仓、堆装、端头陈列、精品柜、收银台周围的商品进行品名、规格、单价、保质期等项目的复查,注意重箱、空箱的漏抄、重抄现象。

③ 已抄好盘点表的到货商品,应于盘点当天单独抄表并注明附在商品所属中。

④ 店长应对抄好的盘点表进行编号,并分出A、B、C表,商品单价高、数量少的列为A类,商品单价低、数量多的列为C类,介于两者之间的列为B类。

(2) 盘点工具的准备。

① 盘点所需的各类可重复使用的工具(如盘点机、计量器具等)由营运部一次配齐,各店铺盘点负责人盘点前发给盘点人员,盘点结束后收回保管,以备后用。

② 属正常损耗(根据企业规定)的盘点工具缺失,可由店铺盘点负责人提出申请后由营运部补发。

③ 若使用盘点机盘点,须事先检查盘点机是否可正常操作;如采用人员填写方式,则需准备盘点表及红、蓝色圆珠笔。

14. 商品盘点准备的注意事项

(1) 通过不断培训,加深所有员工对盘点重要性及必要性的足够认识。

(2) 对于盘点要强制执行,不能半途而废。

(3) 盘点时最好三人一组,一人盘点,一人记录,一人复核。为避免出错,盘点人应注意复查,以免盘点中的数据不准确。

(4) 要想办法减少在盘点中出现的失误。例如，避免写错等现象的发生。

(5) 事先划分好店员各自盘点的区域，要做到忙而不乱，并且明确各自的职责，增强员工的责任心。

(6) 盘点之前要进行充分准备，包括盘点的工具，如表格、台账、点数卡等，不要在盘点时找这找那，容易出现混乱场面。盘点要有条不紊地进行，避免忙中出错。

15. 商品盘点的方法

商品盘点的方法主要有账面盘点法和现货盘点法。

16. 账面盘点法

账面盘点法是对每一种商品分别设立“商品进销存台账”，将每一种商品的出入库数量及有关信息记录在账面上，逐笔汇总出账面库存结余量。

17. 现货盘点法

现货盘点法是对库存商品进行实物盘点的方法。按盘点时间频率的不同，现货盘点法分为期末盘点法、定期盘点法、循环盘点法、复式盘点法。

18. 商品盘点工具的使用

(1) 使用数据采集器(又称盘点机)盘点。

使用盘点机的前提条件是所有货品都必须有条码，一个条码唯一地代表了一种商品，条码重复和没有条码都是不允许的。盘点机就是通过扫描条码来对货品进行清点的设备。将货物条码导入盘点机，而后经盘点机整理导出一个 txt 文档或其他格式文档，此文档即相当于传统盘点的盘点单，之后的复盘也可据此文档进行复查。

(2) 使用无线终端条码扫描设备(俗称无线扫描枪)盘点。

传统的扫描枪与盘点机的盘点方式很相近，主要区别在于前者自身不带内存，只是实现即时传输，连接上计算机后，扫描所得的数据直接显示在光标定位的地方；后者自身就有内存，可以在不连接计算机的情况下工作，所以与计算机的距离不受限制。扫描枪扫描所得的数据首先是存储在采集器的内存里面，然后通过传输底座将数据传输给计算机实现批处理。

但无线的扫描枪就可以实现在不连接计算机的情况下进行数据的采集，可以完成对货物的盘点，但是缺点是受到距离的限制，而且价格上也不便宜。

19. 商品盘点制度

为了准确反映企业的商品结存状况，加强商品安全和库存管理，为企业经营决策提供真实有效的数据，商场或柜组要定期对商品进行盘点，并对盘点差异进行考核。为了规范商品盘点工作，一般商场都会制定商品盘点制度，其内容主要包括盘点原则、盘点操作程序、盘点准备、盘点要求等。

20. 商品盘点操作

(1) 操作准备。

准备好商品盘点表、笔、计算器等。

(2) 操作步骤。

① 整理商品。

② 抄写商品盘点表。

③ 核对盘点表。

④ 盘点。

⑤ 计算盘点表。

⑥ 复核并上交盘点表。

21. 商品盘点注意事项

(1) 盘点当天的营业额应全部结清,销货单据应全部入账。

(2) 盘点时不得用白条、欠条顶替盘点或红字冲账。

(3) 抄表时字迹工整,认真细致。

(4) 逐一清点商品,不得估算。

(5) 计量单位清楚,计算金额准确。

(6) 盘点要双人复核,杜绝错盘、漏盘或重复盘。

22. 商品出现差错的原因

商品出现差错的原因包括:进货工作中出现的差错,外界条件对商品的影响,在装卸、搬运、堆码过程中机械对商品的影响,销售工作中出现的差错和长短款,报表凭证中的差错,盘点过程中出现的差错,商品丢失等形成的损失。

23. 避免出错的方法

盘点盈亏体现在商品损益上,归根结底是由于员工平时工作疏忽、责任心不强、不严格按照规程操作造成的。因此,要避免盘点中大的盈亏差错,必须加强全员责任心的培养与业务技术的提升。具体如下:

(1) 增强全员工作责任心,防止商品损失。

(2) 严格把好商品验收关,防止不合格商品进入柜台。

(3) 检查各类度量衡器具,保证计量准确无误。

(4) 加强报表单据各环节的复核与控制。

(5) 加强对盗窃等的防范工作,减少因此带来的损失。

(6) 对超量、冷背、呆滞商品(即积压的商品)要及时推销处理或返厂。

(7) 把好商品质量关,坚持先进先出的原则,做到先进货的商品先出售。

(8) 减少残损商品和花色、型号、规格、等级不全的滞销商品。

24. 商品盘点后的主要工作

商品盘点完毕,在确认盘点记录无异常情况后,就要进行第二天正常营业的准备和清扫工作。

盘点作业结束后,要对盘点作业相关账册的记录与核算工作进行复查。

25. 盘点差错分析

商品盘点差错有两种:盘盈和盘亏。盘亏分为有因盘亏(有原因的盘亏)和无因盘亏(无原因的盘亏),无因盘亏为盘亏总额减去有因盘亏的差额。

26. 有因盘亏的原因及责任划分

(1) 商场的责任。

(2) 业务部门的责任。

(3) 计算机部(采购部)的责任。

27. 残损商品的范围

(1) 按种类分,有商品破损、短缺、质次、标志不全、变质、计量不足、假冒伪劣、"三无"商品、超保质期、不能食用等。

(2) 按流转环节分,有进卖场前(包括采购部、配送中心、卖场内仓)和进卖场后(上架前和上架后)两种。

(3) 按残损程度分，有可退换和不可退换，可降价销售和不可降价销售。

28. 残损商品的管理职责

在商品流转环节中，残损商品发生在哪个流转环节，就由相应的部门（包括采购部、配送中心、卖场内仓）负责管理。

(1) 采购部负责处理的商品有：质次、假冒、伪劣、“三无”商品；进配送中心三天内发现的破损、短缺、变质、超保质期、临近保质期商品。

(2) 配送中心负责处理的商品有：商品送至卖场，验收时发现的残损、短缺、质次商品；储存过程中发现的残损和临界保质期商品；商品送至卖场内仓后三天内发现的质次商品。

(3) 卖场店面部门负责处理的商品有：商品流转过程中的残损商品；上架后的破损、短缺商品；上架前后的超保质期和变质商品；上架前后人为造成的破损和无使用价值商品；商品售后发现的变质或不能食用、不能使用商品。

29. 残损商品的处理原则

(1) 包装残损、仍可食用或有使用价值的商品，经管理后可以上架销售的，应立即整理封口，继续上架销售，减少商品损耗。

(2) 凡是质次、假冒伪劣、“三无”商品，供货商运输造成破损、短缺和低于临界保质天数的商品，均应办理退调。

(3) 可以向供货商退换的残损商品，由配送中心或卖场及时分类装箱，由专门人员负责办理退换。

(4) 对不能退换的残损商品，根据企业规定的权限分别作削价或报废处理。

30. 商品调价的原因

商品调价是指提高或降低商品的原定销售价格。商品调价的原因一般包括两个方面：一是政策性、策略性或季节性的调高或调低，是不以商场的意志为转移的；二是由于商品质次价高、式样陈旧或因保管不善造成霉变、残损、褪色等而需要变价减值。

31. 商品盘点后的处理

(1) 操作准备。

准备商品残损报告单、商品调价报告单、商品削价报告单等。

(2) 操作步骤。

① 填写商品残损报告单。

② 填写商品调价报告单。

③ 填写商品削价报告单。

二、商品分析

1. 销售商品的分类

商品分类依据是分类的基础。商品的用途、原材料、生产方法、化学成分、使用状态等是商品最本质的属性和特征，是商品分类中最常用的分类依据。

2. 商品分类的原则

(1) 必须明确要分类的商品所包括的范围。

(2) 商品分类要从有利于商品生产、销售及企业经营习惯出发，最大限度地满足消费者的需要，并保持商品分类的科学性。

(3) 选择的分类依据要适当。

(4)具有科学性、系统性。

3. 优化商场商品结构的重要性

商品结构的调整有以下几点好处:节省陈列空间,可以提高门店的单位销售额;有助于商品的推陈出新;便于顾客购买,保证主力商品的销售份额;有助于协调门店与供应商的关系;提高商品的竞争力;提高门店商品周转率,降低滞销品的资金占压。

4. 优化商品结构应考虑的指标

优化商品结构应考虑的指标包括:商品销售排行榜;商品贡献率;损耗排行榜;周转率;新进商品的更新率;商品的陈列。

5. 商品销售排行榜

现在大部分门店的销售系统与库存系统是连接的,后台计算机系统能够整理出门店每天、每周、每月的商品销售排行榜,从中可以看出每种商品的销售情况,调查商品滞销的原因,如果无法改变商品滞销情况,就应予以撤柜处理。在处理这种情况时应注意:对于新上架的商品,往往因其有一定的熟悉期和成长期,不要急于撤柜;对于某些日常生活必需品如针线、保险丝、蜡烛等,虽然销售额很低,但由于此类商品的作用不是赢利,而是通过此类商品的销售来拉动门店主力商品的销售。

6. 商品贡献率

单从商品销售排行榜上挑选商品是不够的,还应看商品的贡献率。销售额高、周转率快的商品不一定毛利高,而周转率慢的商品未必利润低。毕竟门店需要生存,没有利润的商品短期内可以存在,但是不应长期占据货架。查看商品贡献率的目的在于找出门店中贡献率高的商品,并使之销售得更好。

7. 损耗排行榜

损耗排行榜这一指标不容忽视,它将直接影响商品的贡献毛利。例如,日配商品的毛利虽然较高,但是由于其风险大、损耗多,可能导致赚的不够赔的。对于损耗大的商品一般是少订货,同时应由供货商承担一定的合理损耗。另外,有些商品的损耗是由于其外包装出现问题造成的,这时应及时交供货商处理。

8. 商品周转率

商品周转率是优化商品结构的指标之一。任何企业都不希望某种商品占压流动资金,所以周转率低的商品不能滞压太多。

9. ABC 分析法的概念

ABC 分析法是根据事物在技术或经济方面的主要特征进行分类、排队,分清重点和一般,有区别地实施管理的一种分析方法。在库存管理中应用 ABC 分析法比较容易取得以下成效:压缩总库存量;解放被占压的资金;使库存结构合理化;节约管理力量。

10. ABC 分析法的原理

ABC 分析法的原理概括为“区别主次,分类管理”。它将管理对象分为 A、B、C 三类,以 A 类作为重点管理对象。其关键在于区别一般的多数和极其重要的少数。

11. ABC 分析法的具体步骤

ABC 分析法的具体步骤包括:收集数据,处理数据,制 ABC 分析表,根据 ABC 分析表确定分类,绘 ABC 分析图,分析评价。

12. 销售商品结构分析的注意事项

(1)注意分析商品的大类、品种和品牌。

（2）商品结构销售分析是一项细致的工作，因此在分析过程中要认真、仔细。

（3）选择分析商品销售的数据要准确、真实，不可估计。

13. 影响库存商品的因素

影响商品合理库存的因素主要有4个，即数量、结构、时间、空间。

14. 商品库存的合理数量

商品库存的合理数量就是以满足市场需要、保障销售为基本原则并符合经济核算的商品库存量，要使商品库存量与销售量相适应。

15. 商品库存的合理结构

商品库存结构是指在库存商品总额中各类商品所占的比例，以及同类高、中、低档商品之间，同一种商品的不同规格、不同花色之间库存数量的比例关系。

商品库存的合理结构，就是库存商品在结构上，即在各类商品总额上，档次上，品种、花色、规格上能适应销售需要。

16. 商品库存的合理时间

商品库存的合理时间是指所有库存商品的库存期（商品进入库存环节后停留的时间）适应供求变化。

17. 商品库存的合理空间

商品库存是为商品购销经营服务的，所以商品库存的空间位置必须符合商品经营的要求。

18. 商品库存的数量控制

商品库存数量控制的主要方法是明确库存数量定额，即在一定条件下，根据商业企业的具体经营状况，为保证商品的正常销售所制定的合理的库存数量标准，包括保险库存、经营库存、季节库存等。

19. 商品库存的时间控制

通过规定库存可供销售商品的数量来控制商品库存时间。

根据各种商品不同的周转期分别计算核定平均库存天数、商品库存保本期、商品库存保利期。

20. 商品库存的结构控制

商品库存的结构控制主要是指对商品进行分类，然后分析其结构是否合理，对不同类别的商品采用不同的库存策略和管理方法。

仿真训练

一、单项选择题（请将正确选项的代号填入题内的括号中）

1. 为了掌握货物销售的流动情况，对现有物品的（　　）数量与保管账上记录的数量进行核对。

A. 商品　　B. 货物　　C. 实际　　D. 库存

2. 所谓（　　），是指定期或临时对商品的实际数量进行清查、清点的作业。

A. 入库　　B. 盘点　　C. 在库　　D. 出库

3. 盘点可以（　　），以指导日常经营业务。

A. 控制进货　　B. 控制销售　　C. 控制存货　　D. 控制经营

4. 营运过程中(　　)难以统计。

A. 偷盗、账面错误引起的损耗　　B. 经营情况

C. 盈亏情况　　D. 商品损耗

5. 盘点中所有的点数、资料必须是(　　)的,不允许作弊或弄虚作假,掩盖漏洞和失误。

A. 全部　　B. 完整　　C. 真实　　D. 准确

6. 所有盘点流程,包括区域的规划、盘点的原始资料、盘点点数等,都必须(　　),不要遗漏区域、商品。

A. 准确　　B. 真实　　C. 清楚　　D. 完整

7. 营业中随时进行盘点,叫作(　　)盘点原则。

A. 即时　　B. 售价　　C. 停止营业　　D. 月末

8. 商品盘点一般是(　　)进行一次。

A. 每日　　B. 每月　　C. 每季度　　D. 每年

9. (　　)的盘点要求做到日清月结。

A. 小件商品　　B. 日用品　　C. 贵重商品　　D. 生鲜食品

10. 盘点时间间隔不可以是(　　)。

A. 每周　　B. 每月　　C. 每季　　D. 随时

11. 一般来说,盘点计划多在复盘日期的(　　)前就具体拟订并发布。

A. 1 个月　　B. 3 个月　　C. 半年　　D. 1 年

12. 一般来说,在复盘日期的一个月前就要具体拟订而且发布(　　)。

A. 复盘计划　　B. 预盘计划　　C. 盘点计划　　D. 整理计划

13. 一般来说,为保证账货相符,商品盘点次数(　　)。

A. 愈少愈好　　B. 愈多愈好　　C. 不多不少　　D. 一次就行

14. 每次盘点持续的时间应尽可能(　　)。

A. 短　　B. 长　　C. 不长不短　　D. 避开节假日

15. 有单无货、有货无单中的单是指(　　)。

A. 价格表　　B. 票据　　C. 进货单　　D. 出货单

16. 账单相符是指商品账与(　　)记载的数量、金额相符。

A. 货　　B. 进货单　　C. 票据　　D. 价格表

17. 各个部门将参加盘点的人员报(　　)。

A. 盘点小组　　B. 后勤部门　　C. 行政部门　　D. 营运部门

18. 分店楼面部门除必需的(　　)人员外,所有人员均应参加年度盘点。

A. 值班　　B. 行政　　C. 留守　　D. 后勤

19. 如果需要修改盘点表上的(　　),不能用涂改液,必须将原来的数据划掉后重新书写。

A. 数字　　B. 字母　　C. 文字　　D. 图表

20. 对所有的区域,盘点小组全部设置(　　)。

A. 盘点表　　B. 资产表　　C. 利润表　　D. 现金流量表

21. 盘点时必须查看商品的(　　)。

A. 颜色　　B. 破损程度　　C. 有效期　　D. 品种

22. 点数必须是(　　)的数量。

A. 商品　　B. 销售单位　　C. 货物　　D. 产品

23. 盘点作业开始之前必须对(　　)进行整理。

A. 盘点现场　　B. 库房　　C. 陈列区　　D. 储藏室

24. 对退货的商品应及时(　　)。

A. 记录　　B. 清理　　C. 计数　　D. 换货

25. 营业员应按要求填写盘点表,盘点表(　　)。

A. 一式五份　　B. 一式两份　　C. 一式三份　　D. 一式四份

26. 盘点所需的工具主要有盘点机、(　　)。

A. 钢笔　　B. 计量器具　　C. 铅笔　　D. 圆珠笔

27. 为避免错误,盘点人员应注意(　　),以免盘点中的数据不准确。

A. 初查　　B. 计算　　C. 整理　　D. 复查

28. (　　)在盘点的时候要注意观察,发现问题应及时指正,以免问题更加严重。

A. 经理　　B. 收银员　　C. 促销员　　D. 店长

29. 现货盘点亦称为(　　)盘点。

A. 永续　　B. 期末　　C. 实地　　D. 定期

30. 账面盘点又称为(　　)盘点。

A. 实地　　B. 永续　　C. 定期　　D. 期末

31. (　　)盘点法是对每一种商品分别设立"商品进销存台账",将每一种商品的出入库数量及有关信息记录在账面上,逐笔汇总出账面库存结余量。

A. 现货　　B. 账面　　C. 定期　　D. 期末

32. 按盘点时间频率的不同,现货盘点法分为(　　)、定期盘点法、循环盘点法等。

A. 末期盘点法　　B. 实地盘点法　　C. 永续盘点法　　D. 定期盘点法

33. (　　)盘点法是对库存商品进行实物盘点的方法。

A. 现货　　B. 账面　　C. 定期　　D. 期末

34. 下列盘点工具中,自身带内存,可以在不连接电脑的情况下工作的是(　　)。

A. 圆珠笔　　B. 计算器　　C. 盘点机　　D. 扫描枪

35. 下列盘点工具中,自身不带内存,可实现即时传输的是(　　)。

A. 扫描枪　　B. 圆珠笔　　C. 盘点机　　D. 计算器

36. 为了规范商品盘点工作,一般商场都会制定商品(　　)制度。

A. 管理　　B. 销售　　C. 盘点　　D. 核对

37. 盘点是为了加强商品安全和(　　)管理。

A. 财务　　B. 库存　　C. 行政　　D. 后勤

38. 核对盘点表时,要核对库存(　　)商品或整箱商品。

A. 大件　　B. 小件　　C. 过期　　D. 损坏

39. 盘点时要核对易出差错的(　　)。

A. 货架　　B. 价格　　C. 商品　　D. 货柜

40. 清点商品要逐个清点,不得(　　)。

A. 详细计算　　B. 仔细计算　　C. 真实计算　　D. 估算

41. 盘点要(　　)复核,杜绝错盘、漏盘和重复盘。

A. 单人　　B. 双人　　C. 三人　　D. 四人

42. 商品出现差错的原因包括(　　)过程中出现的差错和长短款。

A. 管理　B. 质量控制　C. 生产　D. 销售

43. 进货过程中出现差错的原因可能是(　　)。

A. 保管不善　B. 进价太高　C. 商品验收不认真　D. 码放不齐

44. 盘点盈亏体现在商品的(　　)上。

A. 保质期　B. 损益　C. 销售　D. 数量

45. 防止不合格商品进入柜台的有效方法是(　　)。

A. 检查各类度量衡器具　B. 加强报表单据复核

C. 加强防范　D. 严格把好商品验收关

46. 商品盘点后要及时(　　)。

A. 进货　B. 培训　C. 学习　D. 补充商品

47. 盘点复核无误后,将盘点结果送(　　)。

A. 财务部　B. 销售部　C. 后勤部　D. 营运部

48. 盘亏总额减去有因盘亏的差额是(　　)。

A. 盘盈　B. 无因盘亏　C. 重复盘　D. 漏盘

49. 盘亏分为(　　)和无因盘亏。

A. 无因亏损　B. 有因盈利　C. 有因亏损　D. 有因盘亏

50. 串码商品金额不得超出串码商品的盘差金额,超出部分视作(　　)。

A. 无因亏损　B. 有因盈利　C. 有因亏损　D. 无因盈利

51. 串码商品(　　)必须相符,不得超出商品的总量。

A. 质量　B. 尺寸　C. 数量　D. 保质期

52. 在残损商品的范围内,"商品破损"是按(　　)划分。

A. 流转环节　B. 残损程度　C. 保质期长短　D. 种类

53. 在残损商品的范围内,"可以退换和不可以退换"是按(　　)划分。

A. 种类　B. 流转环节　C. 残损程度　D. 保质期长短

54. 商品送至卖场内仓后三天之内发现的质次商品由(　　)负责处理。

A. 财务部　B. 配送中心　C. 卖场店面部门　D. 后勤部门

55. "三无"商品应由(　　)负责处理。

A. 配送中心　B. 卖场店面部门　C. 采购部　D. 营运部

56. 凡是质次、假冒伪劣、"三无"商品,均应办理(　　)。

A. 退调　B. 退换　C. 削价　D. 报废

57. (　　)的商品,经整理后可以上架销售。

A. 破损　B. 短缺

C. 包装残损仍可食用　D. 低于临界保质天数

58. 春夏秋冬更替时的过季商品被称作(　　)商品。

A. 策略性　B. 季节性　C. 政策性　D. 三无

59. 突破传统的商品或新研发的商品被称作(　　)商品。

A. 政策性　B. 季节性　C. 残损　D. 策略性

60. 商品残损报告单中的项目不包括(　　)数据。

A. 实际盘点　B. 账面商品　C. 残损　D. 调价

61. 填写商品残损报告单的第一步是(　　)。

A. 填写实际盘点数据　　B. 填写账面商品数据
C. 注明商品盘盈责任人　　D. 计算商品残损数据

62. 商品分类依据是分类的(　　)。
A. 条件　B. 前提　C. 原因　D. 基础

63. 商品分类中最常用的分类依据有(　　)、化学成分、使用状态等。
A. 商品的用途　B. 原材料　C. 生产方法　D. 使用方法

64. 商品分类原则之一是选择的分类(　　)要适当。
A. 依据　B. 原则　C. 条件　D. 前提

65. 商品分类原则之一是应具有科学性和(　　)。
A. 知识性　B. 系统性　C. 创新性　D. 可行性

66. 对商品结构进行调整可以提高门店的(　　)。
A. 销售额　B. 声誉　C. 商品周转率　D. 未来销售额

67. 对商品结构进行调整可以节省陈列空间,提高门店的(　　)。
A. 单位销售额　B. 利润　C. 声誉　D. 以上都不对

68. 商品的(　　)也是优化商品结构的指标之一。
A. 周转率　B. 更新率　C. 毛利率　D. 利润率

69. 商品的更新率一般应控制在(　　)以下。
A. 9%　B. 10%　C. 6%　D. 3%

70. 从商品销售排行榜可以看出(　　)商品的销售情况。
A. 每一种　B. 每一小类　C. 每一大类　D. 每一部门

71. 无法改变滞销商品情况,就应予以(　　)。
A. 减少进货　B. 退还厂家　C. 减价处理　D. 撤柜处理

72. 销售额高、周转率快的商品不一定毛利(　　),而周转率慢的商品不一定利润(　　)。
A. 高;高　B. 低;低　C. 高;低　D. 低;高

73. 单从商品排行榜来挑选商品是不够的,还应看商品的(　　)。
A. 贡献率　B. 周转率　C. 更新率　D. 损耗率

74. 对于商品的外包装损耗,应及时交(　　)处理。
A. 供货商　B. 中间商　C. 代理商　D. 消费者

75. (　　)直接影响商品的贡献毛利。
A. 商品贡献率　B. 周转率　C. 损耗排行榜　D. 新近商品的更新率

76. 商品(　　)是指商品从入库到售出所经过的时间和效率。
A. 周转率　B. 销售率　C. 周转天数　D. 销售业绩

77. 优化商品结构应考虑的指标不包括(　　)。
A. 商品贡献率　B. 损耗排行榜　C. 商品库存量　D. 商品陈列

78. ABC 分析法是(　　)管理中常用的分析方法。
A. 进货　B. 销售　C. 采购　D. 库存

79. ABC 分析法又称为(　　)。
A. 重点管理法　B. 采购管理法　C. 库存分析法　D. 销售管理法

80. B 类商品在销售中占(　　)的销售比重。
A. 10%～20%　B. 20%～40%　C. 40%～60%　D. 60%～80%

81. A 类商品在销售中占(　　)的销售比重。

A. 20%　　B. 40%　　C. 60%　　D. 80%

82. ABC 分析表栏目构成中的第一栏为(　　)。

A. 商品名称　　B. 品目数累计　　C. 销售额　　D. 商品单价

83. ABC 分析表栏目构成中的第四栏为(　　)。

A. 商品名称　　B. 品目数累计

C. 品目数累计百分数　　D. 商品单价

84. 销售商品结构分析的注意事项中有一条是注意分析商品的(　　)。

A. 品种　　B. 花色　　C. 规格　　D. 产地

85. 进行销售商品结构分析时,不需要分析商品的(　　)。

A. 规格　　B. 大类　　C. 品种　　D. 品牌

86. 下列不属于影响商品合理库存的因素的是(　　)。

A. 数量　　B. 结构　　C. 时间　　D. 地点

87. 下列不属于影响商品合理库存的因素的是(　　)。

A. 数量　　B. 结构　　C. 长度　　D. 空间

88. 所谓保障销售,就是商品库存对于(　　)的保证程度,达到既不短缺又不过剩。

A. 利润　　B. 价格　　C. 销售　　D. 质量

89. 符合经济核算原则的商品库存量是指库存的商品数量在经营中取得较好的(　　)。

A. 利润　　B. 价格　　C. 销售　　D. 质量

90. 商品库存(　　)是指在库存商品总额中各类商品所占的比例。

A. 数量　　B. 结构　　C. 时间　　D. 空间

91. 商品库存的合理结构是指库存的各类商品在结构上,包括总额、档次、品种、花色、规格上能适应(　　)的需要。

A. 销售　　B. 存储　　C. 采购　　D. 运输

92. 商品库存的合理时间是指所有库存商品的库存期适应(　　)变化。

A. 数量　　B. 结构　　C. 空间　　D. 供求

93. 商品库存的合理时间与商品库存的合理(　　)相适应,即在任何需求的时点上都能满足数量要求。

A. 数量　　B. 空间　　C. 结构　　D. 层次

94. 商品库存是为商品(　　)服务的。

A. 质量　　B. 价格　　C. 购销经营　　D. 利润

95. 商品库存的(　　)必须符合商品经营的要求。

A. 时间　　B. 空间位置　　C. 结构　　D. 质量

96. 商品库存数量控制的主要方法是制定(　　)。

A. 库存数量余额　　B. 库存数量标准　　C. 库存数量定额　　D. 保险库存定额

97. 保险库存又称(　　)。

A. 周转库存　　B. 经营库存　　C. 季节库存　　D. 安全库存

98. 计算平均库存天数时,除了需要用到参数最高库存天数外,还需要的参数是(　　)。

A. 最低库存天数　　B. 销售税金　　C. 毛利额　　D. 固定费用

99. 计算季节库存定额时,除了需要用到参数季节库存天数外,还需要的参数是(　　)。

A. 保险库存量　　B. 保险库存天数　　C. 平均每天出库量　　D. 平均库存天数

100. 商品库存的结构控制主要是分析其(　　)是否合理。

A. 数量　　B. 时间　　C. 结构　　D. 空间

101. 商品库存的结构控制主要是对商品进行(　　)。

A. 筛选　　B. 整理　　C. 分类　　D. 结构化处理

二、多项选择题(请将正确选项的代号填入题内的括号中)

1. 盘点是为了掌握货物销售的(　　)流动情况。

A. 入库　　B. 品种　　C. 在库　　D. 出库

E. 运输

2. 商品盘点的目的包括(　　)。

A. 了解本盘点周期内的亏盈状况　　B. 了解库存金额

C. 了解损耗较大的营运部门及班组　　D. 了解店铺当天的总营业额

E. 清理滞销品、临近过期商品

3. 盘点过程要求准确无误,下列(　　)都必须准确。

A. 区域的规划　　B. 原始资料　　C. 资料的输入　　D. 陈列的核查

E. 盘点的点数

4. 提高商品盘点效率的原则包括(　　)。

A. 月度盘点原则　　B. 季度盘点原则　　C. 即时盘点原则　　D. 年终盘点原则

E. 售价盘点原则

5. 盘点的时间应根据商品的(　　)来确定。

A. 不同特性　　B. 价值高低　　C. 流动速度　　D. 重要程度

E. 质量

6. 盘点主持人的工作很被动,原因主要有(　　)。

A. 缺乏经验　　B. 依靠下属　　C. 不调查研究　　D. 办事拖沓

E. 没有针对预盘阶段做深入计划

7. 根据商品的不同特性,如(　　)来分别确定不同的盘点时间。

A. 保质期长短　　B. 价值大小　　C. 流动速度　　D. 重要程度

E. 价格高低

8. 盘点前对(　　)等情况应及时查明原因。

A. 有单无货　　B. 有单有货　　C. 销账进账　　D. 有货无单

E. 金额相符

9. 盘点小组统一对全店的盘点人员进行安排,分为(　　)。

A. 行政人员　　B. 后勤人员　　C. 库存区盘点人员　　D. 营运部门

E. 陈列区盘点人员

10. 盘点表上的数据只能用(　　)书写。

A. 蓝色签字笔　　B. 黑色签字笔　　C. 钢笔　　D. 毛笔

E. 圆珠笔

11. 需要抽查盘点的商品是(　　)的商品。

A. 初点与复点中位置正确　　B. 初点与复点有数量差异

C. 初点或复点中漏点　　D. 初点与复点没有数量差异

E. 初点与复点中位置不正确

12.（　　）均应整理后统一结清。

A. 盘点表　　B. 计量器　　C. 账卡　　D. 单据

E. 资料

13. 盘点采用人员填写的方式时，应准备（　　）。

A. 计量器具　　B. 盘点表　　C. 红色圆珠笔　　D. 蓝色圆珠笔

E. 钢笔

14. 盘点之前要进行充分的准备，包括盘点的工具，如（　　）等。

A. 表格　　B. 台账　　C. 点数卡　　D. 钢笔

E. 铅笔

15. 账面盘点就是把每天入库及出库货品的（　　）记录在电脑或账簿上。

A. 重量　　B. 数量　　C. 大小　　D. 单价

E. 尺寸

16. 现货盘点法分为（　　）。

A. 期末盘点法　　B. 账面盘点法　　C. 定期盘点法　　D. 循环盘点法

E. 复式盘点法

17. 使用数据采集器（盘点机）的前提条件是（　　）。

A. 使用计算器　　B. 准备盘点表　　C. 必须有圆珠笔　　D. 货品都必须有条码

E. 条码不能重复

18. 为了规范商品盘点工作，一般商场都会制定商品盘点制度，其内容主要包括（　　）。

A. 盘点原则　　B. 盘点操作程序　　C. 盘点准备　　D. 盘点要求

E. 盘点流程

19. 商品盘点时，对（　　）商品要单独放到指定位置。

A. 损害　　B. 陈列　　C. 大件　　D. 小件

E. 变质

20. 盘点要双人复核，杜绝（　　）。

A. 真实盘　　B. 对盘　　C. 错盘　　D. 漏盘

E. 重复盘

21. 盘点过程中出现的差错主要包括（　　）。

A. 漏盘　　B. 溢盘　　C. 串号　　D. 盘点数字不实

E. 计算不准

22. 避免盘点中出现大的盈亏差错的措施主要有（　　）。

A. 增强工作责任心　　B. 严格把好商品验收关

C. 检查各类度量衡器具　　D. 加强报表单据各环节的复核与控制

E. 增加商品销售额

23.（　　）的盘损率应控制在2%。

A. 加工企业　　B. 工厂　　C. 商场　　D. 生产企业

E. 超市

24. 盘亏分为（　　）。

A. 盘盈　　B. 有因盘亏　　C. 错盘　　D. 无因盘亏
E. 重复盘

25. 为了避免商品串码，必须写明串码商品的(　　)。
A. 保质期　　B. 数量　　C. 条形码　　D. 名称
E. 金额

26. 残损商品按种类可分为(　　)这几类。
A. 商品破损　　B. 短缺　　C. 质次　　D. 标识不全
E. 变质

27. 商品流转环节中的主要部门有(　　)。
A. 小组　　B. 财务部　　C. 采购部　　D. 配送中心
E. 卖场内仓

28. 可以向供货商退换的残损商品，由(　　)及时分类装箱。
A. 营运部　　B. 采购部　　C. 配送中心　　D. 财务部
E. 卖场

29. 商品调价的原因一般包括(　　)。
A. 商品质次价高　　B. 策略性调价　　C. 式样陈旧　　D. 政策性调价
E. 季节性调价

30. 商品残损报告单中的项目包括(　　)。
A. 账面数量　　B. 实存数量　　C. 残损数量　　D. 盈亏数量
E. 盈亏原因

31. 对商品进行分类时，最常用的分类依据包括(　　)。
A. 商品的用途　　B. 原材料　　C. 生产方法　　D. 化学成分
E. 使用状态

32. 商品分类原则包括(　　)。
A. 必须明确要分类的商品所包括的范围　　B. 有利于商品销售
C. 选择的分类依据要适当　　D. 具有科学性
E. 可随意分类

33. 商品结构调整的好处包括(　　)。
A. 节省陈列空间　　B. 有助于商品的推陈出新
C. 提高效益　　D. 促进企业发展
E. 提高商品的竞争力

34. 优化商品结构应考虑的指标包括(　　)。
A. 商品销售排行榜　　B. 商品贡献率　　C. 损耗排行榜　　D. 周转率
E. 新进商品的更新率

35. 大部分门店都能够整理出门店(　　)的商品销售排行榜。
A. 每小时　　B. 每半天　　C. 每天　　D. 每周

E. 每月

36. 商品贡献率与(　　)密切相关。

A. 销售额　B. 周转率　C. 利润率　D. 毛利率

E. 损耗率

37. 对于损耗大的商品,一般的做法是(　　)。

A. 多订货　B. 少订货

C. 不订货　D. 由供货商承担一定的合理损耗

E. 加价

38. 由于使用增长率的目的各不相同,可用(　　)计算商品周转率。

A. 售价　B. 成本　C. 销售量　D. 销售金额

E. 利益和成本

39. 在库存管理中应用 ABC 分析法比较容易取得的成效是(　　)。

A. 压缩总库存量　B. 解放被占压的资金

C. 使库存结构合理化　D. 节约管理力量

E. 降低价格

40. ABC 分析法的原理可概括为(　　)。

A. 区别主次　B. 区分重点　C. 综合管理　D. 统筹管理

E. 分类管理

41. ABC 分析法的具体步骤包括(　　)。

A. 收集数据　B. 处理数据

C. 制 ABC 分析表　D. 根据 ABC 分析表确定分类

E. 绘 ABC 分析图

42. 在进行销售商品的结构分析时,应注意分析商品的(　　)。

A. 小类　B. 中类　C. 大类　D. 品种

E. 品牌

43. 影响商品合理库存的因素有(　　)。

A. 数量　B. 结构　C. 时间　D. 空间

E. 地点

44. 确定商品库存的合理数量时,要满足的条件有(　　)。

A. 满足市场需要　B. 保障销售

C. 保障商品质量　D. 符合经济核算的商品库存量

E. 使商品库存量与品种量相适应

45. 商品库存的合理结构是指同类商品中(　　)商品之间的比例关系。

A. 高档　B. 中档　C. 低档　D. 中高档

E. 中低档

46. 商品库存数量控制包括(　　)。

A. 保险库存　B. 经营库存　C. 销售库存　D. 季节库存

E. 展示库存

47. 商品库存要按商品类别分库区、分货位存储,对质量欠佳、临近保质期、销小存大等问题商品采取措施,以保证库存(　　)。

A. 适应需求　　B. 保障销售　　C. 合理　　D. 加速商品流转
E. 符合经济核算

48. 计算季节库存定额时用到的参数有(　　)。
A. 季节库存天数　　B. 平均每天出库量　　C. 商品销售天数　　D. 保险库存天数
E. 安全库存量

49. 计算商品库存保利期时需要用到的参数有(　　)。
A. 毛利额　　B. 销售税金　　C. 目标利润　　D. 固定费用
E. 日增长费用

50. 对商品库存的结构控制主要包括的内容有(　　)。
A. 勤进快销　　B. 对商品进行分类
C. 分析其结构是否合理　　D. 打折促销
E. 对不同类别的商品采用不同的库存策略和管理方法

三、判断题(对的画"√",错的画"×")

(　　)1. 盘点是指不定期地对商品的实际数量进行清查的作业。
(　　)2. 店铺在营运过程中存在各种损耗,损耗是可以看见和不可控制的。
(　　)3. 商品盘点是全店人员都参加的营运过程。
(　　)4. 通过盘点确定年度内的商品损益和零售差错。
(　　)5. 盘点前应及时清理账务,盘点时做到账账相符、账实相符。
(　　)6. 盘点主持人对预盘阶段的控制不是很重要。
(　　)7. 一般情况下,价值越高、流动速度越快、重要程度越高的商品,盘点的周期越长。
(　　)8. 有单无货、有货无单中的单指票据单。
(　　)9. 贵重商品、销售金额比重较大的商品区域,不用安排人员进行复查。
(　　)10. 盘点人员必须在盘点表上用中文正楷字体签字。
(　　)11. 盘点的数字书写要清楚,不可潦草,让人混淆。
(　　)12. 盘点前对已验收入库的商品进行整理,归入储位。
(　　)13. 对于盘点所需的各类可重复使用的工具,由行政部门负责一次配齐。
(　　)14. 盘点时最好四人一组、一人指挥、一人盘点、一人记录、一人复核。
(　　)15. 可以采取账面盘点和现货盘点平行的方法,以查清盘点过程中误差出现的实际原因。
(　　)16. 定期盘点是指在会计计算期末(如月末、季末、年末等)统一清点所有商品数量的方法。
(　　)17. 无线扫描枪可以实现在不连接电脑的情况下进行数据的采集。
(　　)18. 为了准确反映企业的商品结存状况,柜组可不定期对商品进行盘点。
(　　)19. 进行商品盘点时,要对货柜、货架的商品进行整理,将错位的商品回归原位并码放好。
(　　)20. 盘点时不得用白条、欠条顶替盘点或红字冲减。
(　　)21. 商品从购进到销售的多道环节中不会发生各种损耗。
(　　)22. 对逾量、冷背、呆滞商品不用及时组织进行推销处理或返厂。
(　　)23. 一般情况下,对超市或商场来说,盘损率应在4%以下。

( ) 24. 商品盘点差错有两种:有因盘亏和无因盘亏。
( ) 25. 收货出现差错,未及时向配送中心反馈,将视作无因亏损。
( ) 26. 商品销售量增大,残损商品也随之增多。
( ) 27. 在商品流转环节中,残损商品发生在哪道流转环节,就由哪个部门负责管理。
( ) 28. 对于质次、假冒伪劣、"三无"商品,均应办理退调。
( ) 29. 政策性、策略性或季节性的价格调高或调低,是不以商场的意志为转移的。
( ) 30. 商品残损报告单应注明商品残损原因、责任人及盘点人员。
( ) 31. 商品分类的原因是商品分类的基础。
( ) 32. 商品分类要从有利于销售习惯出发,最大限度地满足经营者的需要。
( ) 33. 优化商场的商品结构可以节省陈列空间,提高门店的销售额。
( ) 34. 在优化商品结构的同时,也应该优化门店的商品陈列。
( ) 35. 能拉动门店利润的主力商品,如销售的日常生活必需品应该保留。
( ) 36. 没有利润的商品短期内可以存在,但是不应长期占据货架。
( ) 37. 日配商品毛利虽然较高,但风险大,损耗多。
( ) 38. 提高商品周转水平的核心要素有两点:一是有效的商品评价体系;二是提高供应链的速度。
( ) 39. ABC 分析法是 1879 年由法国数理经济学家、社会学家维尔雷多·帕累托提出的,又称帕累托分析法。
( ) 40. ABC 分析法的原理可概括为"区别主次,分类管理"。
( ) 41. ABC 分析法提高了企业的管理效率。
( ) 42. 选择分析商品销售的数据要准确、真实,不可估计。
( ) 43. 影响商品合理库存的因素主要有 4 个,即数量、结构、时间、空间。
( ) 44. 确定商品库存量的大小,应以保障商品质量为前提。
( ) 45. 商品库存结构是指在库存商品总额中各类商品所占的比例。
( ) 46. 企业在经营中必须掌握商品库存的合理时间。
( ) 47. 商品库存的价格必须符合商品经营的要求。
( ) 48. 经营库存又称周转库存。
( ) 49. 平均库存天数等于毛利额加上最高库存天数再除以 2。
( ) 50. 对商品库存结构的控制主要是对商品进行分类。

参考答案

一、单项选择题

1. C	2. B	3. C	4. A	5. C	6. D	7. A	8. B	9. C	10. D
11. A	12. C	13. B	14. A	15. C	16. B	17. A	18. C	19. A	20. A
21. C	22. B	23. A	24. B	25. C	26. B	27. D	28. D	29. C	30. B
31. B	32. A	33. A	34. C	35. A	36. C	37. B	38. A	39. C	40. D
41. B	42. D	43. C	44. B	45. D	46. D	47. A	48. B	49. D	50. A
51. C	52. D	53. C	54. B	55. C	56. A	57. C	58. B	59. D	60. D
61. B	62. D	63. D	64. A	65. B	66. C	67. A	68. A	69. B	70. A

71. D　72. C　73. A　74. A　75. C　76. A　77. C　78. D　79. A　80. C
81. A　82. A　83. D　84. A　85. A　86. D　87. C　88. C　89. A　90. B
91. A　92. D　93. A　94. C　95. B　96. C　97. D　98. A　99. C　100. C
101. C

二、多项选择题

1. ACD　2. ABCE　3. CDE　4. CE　5. ABCD
6. AE　7. BCD　8. AD　9. CE　10. ABE
11. BCE　12. CDE　13. BCD　14. ABC　15. BD
16. ACDE　17. DE　18. ABCD　19. AE　20. CDE
21. ABCDE　22. ABCD　23. CE　24. BD　25. CDE
26. ABCDE　27. CDE　28. CE　29. ABCDE　30. ABCDE
31. ABCDE　32. ABCD　33. ABE　34. ABCDE　35. CDE
36. BD　37. BD　38. ABCDE　39. ABCD　40. AE
41. ABCDE　42. CDE　43. ABCD　44. ABD　45. ABC
46. ABD　47. CD　48. AB　49. ABCDE　50. BCE

三、判断题

1. ×　2. ×　3. √　4. ×　5. √　6. ×　7. ×　8. ×　9. ×　10. √
11. √　12. √　13. ×　14. ×　15. √　16. ×　17. √　18. ×　19. √　20. √
21. ×　22. ×　23. √　24. ×　25. √　26. √　27. √　28. √　29. √　30. ×
31. ×　32. ×　33. √　34. ×　35. √　36. √　37. √　38. √　39. ×　40. √
41. √　42. √　43. √　44. ×　45. √　46. √　47. ×　48. √　49. ×　50. √

第四章　模拟试卷

职业技能鉴定国家题库
营业员(高级)理论知识试卷

注意事项

1. 本试卷依据2010年颁布的《营业员国家职业技能标准》命制，考试时间：60 min。
2. 请在试卷标封处填写姓名、准考证号和所在单位的名称。
3. 请仔细阅读答题要求，在规定位置填写答案。

	一	二	总　分
得　分			

得　分	
评分人	

一、单项选择题（第1～70题，每题1分，共70分）

1.（　　）是商品流通企业经营的中心环节。
A. 商品储运　B. 签约合同　C. 开发市场　D. 商品销售

2. 售后办理结算手续的采购方式是（　　）。
A. 经销　B. 直销　C. 代批代销　D. 经纪销售

3. 纺织品的基本性能及外观特征是由（　　）决定的。
A. 纤维材料　B. 产品质量等级　C. 产品型号和规格　D. 工艺方法

4. 支付款额不能超过存款数额的银行卡是（　　）。
A. 借记卡　B. 贷记卡　C. 信用卡　D. 准贷记卡

5. 对收银POS机的优点描述错误的是（　　）。
A. 收款迅速、准确　B. 支持多种付款方式
C. 方便业绩统计　D. 减少舞弊

6. 票据的作用不包括（　　）。
A. 支付　B. 结算　C. 信用　D. 证券

7. 下列选项中，（　　）验收不是验收商品的方法。
A. 商品称重　B. 商品包装　C. 商品品质　D. 对单

8. 下列选项中，（　　）不是商品购进的原则。

A. 以销定进　　B. 一不进五退货　　C. 以进促销　　D. 勤进快销

9. 关于酒类商品的商标要求说法错误的是(　　)。

A. 商标整洁　　B. 商标完整　　C. 无破损　　D. 无污渍

10. 在食品外包装上加贴 QS 标志必须具备的要件之一是，出厂的食品经过(　　)检验合格，准许进入市场销售。

A. 规定　　B. 非强制性　　C. 自愿性　　D. 强制性

11. 关于接收电视台的彩色测试图检查说法错误的是(　　)。

A. 电子测试图应在荧屏中心位置　　B. 电子测试图呈圆形

C. 电子测试图呈椭圆形　　D. 能判断出七级灰度

12. 营业员需要掌握的基本英语会话内容不包括(　　)。

A. 推荐商品　　B. 自我介绍　　C. 说明式样　　D. 表示谢意

13. 下列选项中，(　　)是招呼顾客的用语。

A. Are these machine washable?　　B. Do you like this style?

C. May I take your size?　　D. Good afternoon, sir.

14. 下列选项中，(　　)不是说明价格的用语。

A. How much do you want to spend?　　B. Is this going to shrink?

C. The price is reasonable.　　D. Sorry, we have only one price.

15. 下列选项中，(　　)不是表示道别的用语。

A. It's my pleasure.　　B. Come again, please!

C. Thank you! See you.　　D. You're welcome. Bye.

16. "509" 的英文翻译是(　　)。

A. five hundreds and nine　　B. five hundred and nine

C. fifty-nine　　D. fifty and nine

17. 用英语接待顾客时，(　　)要准确。

A. 用词　　B. 语法　　C. 表达　　D. 发音

18. (　　)顾客对再好的商品也会说得一无是处。

A. 顽固型　　B. 商量型　　C. 沉默型　　D. 挑剔型

19. 针对虚荣型顾客的销售策略是(　　)。

A. 和蔼可亲　　B. 用数据说服顾客　　C. 倾听　　D. 赞美与奉承

20. 下列关于爽快型顾客的特点与营业员的接待策略说法错误的是(　　)。

A. 要满怀激情地对待顾客　　B. 耐心倾听顾客的想法

C. 介绍商品时细节可以省略　　D. 只要价格不太离谱，马上成交

21. 下列关于沉默型顾客的特点与营业员的接待策略说法正确的是(　　)。

A. 顾客目光不集中　　B. 对营业员的任何话语都不感兴趣，无动于衷

C. 不敢与人正视　　D. 一接二问三介绍

22. 对没有购买意向的顾客的接待方法是(　　)。

A. 应主动招呼，适时介绍感兴趣的商品　　B. 迅速拿出商品，不作详细介绍

C. 先观察顾客　　D. 一问二介绍三说明

23. 对于代购顾客，营业员采取的接待方法错误的是(　　)。

A. 介绍商品的用途　　B. 迅速拿递商品

C. 说明退换货的原则　　D. 一问二介绍三说明

24. 顾客在商场购物的时候，其购买行为出于(　　)动力。

A. 内在　　B. 外在　　C. 行为　　D. 心理

25. 出于生理性动机购买的商品的特点是(　　)。

A. 稳定、重复　　B. 经济实惠　　C. 商品质量好　　D. 经久耐用

26. 一般工薪阶层顾客的购买动机是(　　)。

A. 欣赏性动机　　B. 新奇性动机　　C. 名牌性动机　　D. 实用性动机

27. 对名牌性动机的特点表述错误的是(　　)。

A. 追求商品的品牌性　　B. 非常在意商品质量

C. 以年轻人居多　　D. 追求商品的高档性

28. 接近顾客的技巧包括(　　)。

A. 微笑法　　B. 招呼法　　C. 提问法　　D. 选择法

29. 介绍商品应把握的要点不包括(　　)。

A. 留意顾客反应　　B. 演示商品要规范

C. 尽可能多地询问顾客的需求　　D. 把握时机展示商品

30. 商品价值增值的重要手段是(　　)。

A. 商品安装　　B. 式样　　C. 包装　　D. 商品保证

31. 商品销售顺畅与否对于实现个人、企业、国家三方面的(　　)利益具有重要意义。

A. 政治　　B. 集体　　C. 物质　　D. 经济

32. 用柜台将顾客和营业员分隔开进行售货的方式称为(　　)。

A. 展览销售　　B. 敞开式售货　　C. 柜台售货　　D. 自选式售货

33. 敞开式售货方式的缺点是(　　)。

A. 增加了营业员的劳动强度　　B. 顾客不可以自由选择商品

C. 降低了成交率　　D. 不便于商品保管

34. 采用邮寄销售，消费者可以通过广告或企业寄送的商品目录来了解商品的(　　)和价格。

A. 质量　　B. 花色　　C. 功能　　D. 使用方法

35. 采用自动售货机出售商品的销售方法叫作(　　)。

A. 敞开式售货　　B. 自选式售货　　C. 自动售货　　D. 展览售货

36. 下列选项中，(　　)属于商业企业的促销活动。

A. 积分返利　　B. 储存保销　　C. 自动售货　　D. 以销定进

37. 客户不满意但又没投诉，其重购率一般在(　　)。

A. 0　　B. 40%以下　　C. 50%左右　　D. 70%

38. 处理顾客投诉时，(　　)是解决问题的前提。

A. 微笑　　B. 解释　　C. 倾听　　D. 感谢

39. 一般来讲，处理顾客投诉的最后一步是(　　)。

A. 感谢　　B. 解释　　C. 转移话题　　D. 认可顾客的感受

40. 处理顾客投诉时，下列做法不合适的是(　　)。

A. 主动承认错误　　B. 迅速判断问题的所在

C. 不停地解释　　D. 与顾客商量

41. 某位顾客只有买国有企业的商品才放心，这表明该顾客有(　　)异议。

A. 产品　B. 需求　C. 权力　D. 货源

42. 下列选项中,(　　)不是价格异议。

A. 不打算投资那么多　B. 使用价值不大

C. 买不起　D. 价格不合理

43. 顾客自身的(　　)是引起质量异议的主要原因。

A. 文化水平　B. 道德修养　C. 客观因素　D. 主观因素

44. 人员异议主要是由(　　)自身的原因造成的。

A. 主管　B. 投诉处理人员　C. 营销人员　D. 收银员

45. 补偿处理法是肯定产品的有关缺点,然后(　　)处理,利用产品的优点来补偿甚至抵消这些缺点。

A. 不做　B. 强化　C. 积极　D. 淡化

46. 营业员遇到被顾客误解的挫折与打击时,应(　　)为顾客解决问题。

A. 尽快　B. 不要急于　C. 慢慢　D. 不要

47. 营业员需要具备很强的情绪自我掌控及(　　)。

A. 欣赏能力　B. 语言能力　C. 判断能力　D. 调节能力

48. 良好的心态与(　　)有很大的关系。

A. 个人　B. 领导者　C. 团队　D. 集体

49. 盘点过程中,资料的输入、陈列的核查和盘点的点数都必须(　　)。

A. 准确　B. 详细　C. 细致　D. 完整

50. 在复盘日期的一个月前就要具体拟订并且发布(　　)。

A. 复盘计划　B. 预盘计划　C. 盘点计划　D. 盘点整理计划

51. 决定盘点时间,在尽可能投入较少资源的同时,要加强(　　)控制。

A. 财务　B. 企业　C. 库存　D. 员工

52. 盘点前(　　)以书面通知、公告的方式通知各个部门。

A. 30 天　B. 15 天　C. 10 天　D. 7 天

53. 盘点表是编号的,在某一个编号下,盘点表的增加必须经过(　　)的登记审核后才可以增加。

A. 总控制台　B. 后勤部门　C. 营运部门　D. 盘点小组

54. 点数必须是(　　)的数量。

A. 商品　B. 销售单位　C. 货物　D. 产品

55. 为避免错误,盘点人应注意(　　),以免盘点中出现数据不准确的现象。

A. 初查　B. 计算　C. 整理　D. 复查

56. 商品出现差错的原因包括(　　)过程中出现的差错和长短款。

A. 管理　B. 质量控制　C. 进货　D. 销售

57. 商品盘点差错有两种,即(　　)或盘亏。

A. 有因盘亏　B. 无因盘亏　C. 盘盈　D. 盘点差错

58. 串码商品(　　)必须相符,不得超出商品的总量。

A. 质量　B. 尺寸　C. 数量　D. 保质期

59. 在残损商品的范围内,“可以退换和不可以退换”是按(　　)分。

A. 种类　B. 流转环节　C. 残损程度　D. 保质期长短

60. 可以向（　　）退换残损商品。
A. 厂商　　B. 零售商　　C. 批发商　　D. 供货商
61. 突破传统的商品或新研发的商品被称作（　　）商品。
A. 政策性　　B. 季节性　　C. 残损　　D. 策略性
62. 对中类商品的进一步划分被称为（　　）。
A. 大类　　B. 中类　　C. 小类　　D. 商品细目
63. 从商品销售排行榜可以看出（　　）商品的销售情况。
A. 每一种　　B. 每一小类　　C. 每一大类　　D. 每一部门
64. 单从商品排行榜来挑选商品是不够的，还应看商品的（　　）。
A. 贡献率　　B. 周转率　　C. 更新率　　D. 损耗率
65. 对于商品的外包装损耗，应及时交（　　）处理。
A. 供货商　　B. 中间商　　C. 代理商　　D. 消费者
66. 下列不属于影响商品合理库存的因素的是（　　）。
A. 数量　　B. 结构　　C. 时间　　D. 地点
67. 商品库存（　　）是指在库存商品总额中各类商品所占的比例。
A. 数量　　B. 结构　　C. 时间　　D. 空间
68. 商品库存的合理时间是指所有库存商品的库存期适应（　　）变化。
A. 数量　　B. 结构　　C. 空间　　D. 供求
69. 计算平均库存天数时，除了需要用到参数最低库存天数外，还需要用到的参数是（　　）。
A. 毛利额　　B. 销售税金　　C. 最高库存天数　　D. 固定费用
70. 关于 ABC 分析图的组成，下列说法错误的是（　　）。
A. 一个纵坐标　　B. 一个横坐标　　C. 几个长方形　　D. 一条曲线

得　分	
评分人	

二、多项选择题（第 71～80 题，每题 2 分，共 20 分）

71. 职业道德的特征具体表现在（　　）。
A. 行业性和多样性　　B. 继承性和稳定性　　C. 自律性和他律性　　D. 实践性和实用性
E. 知识性和操作性
72. 对顾客的用心服务态度体现在（　　）。
A. 主动　　B. 礼貌　　C. 热情　　D. 耐心
E. 周到
73. 售货的基本流程包括（　　）。
A. 初步接触　　B. 展示与介绍　　C. 说明诱导　　D. 成交
E. 收款付货
74. 在经营中一般会遇到突发事件，主要包括（　　）。
A. 火灾　　B. 恶劣天气
C. 人身意外　　D. 营业时间内没有预先通知就突然停电
E. 抢劫

75. 消费者的权利包括(　　)。
A. 保障安全权　B. 知悉真情权　C. 自主选择权　D. 公平交易权
E. 依法求偿权

76. 劳动合同法的适用范围有(　　)。
A. 个体经济组织　B. 中华人民共和国境内的企业
C. 国家机关　D. 事业组织
E. 社会团体

77. 商品购进不包括(　　)内容。
A. 业务人员主动对用户需求做出反应　B. 采购人员主动对用户需求做出反应
C. 保持与供应商之间的互利关系　D. 保持与生产商之间的互利关系
E. 保持与顾客之间的互利关系

78. 中国环境标志认证的特点包括(　　)。
A. 公开透明　B. 第三方认证　C. 产品的规模效应　D. 其他国际通行标准
E. 明确的企业标准

79. 自选式售货的优点是(　　)。
A. 营业员较少　B. 劳动强度较小　C. 商品价格便宜　D. 便于商品的保管
E. 便于顾客挑选

80. 买断产品经销的实质，是供销企业按照各自的市场分工，建立起(　　)的合作关系。
A. 井然有序　B. 正常合理　C. 风险共担　D. 利益共享
E. 热情服务

得　分	
评分人	

三、判断题(第 81～100 题，每题 0.5 分，共 10 分)

(　　) 81. 营业员的经商文明与否直接影响到整个城市的文明形象。
(　　) 82. 商品经营主要有三个环节，即商品储存、商品采购、商品销售。
(　　) 83. 采购量的大小可以决定生产与销售是否顺畅及资金的调度。
(　　) 84. 商品配送中心不是一个进行物流活动的场所。
(　　) 85. 劳动争议发生后，当事人不应向本单位劳动争议调解委员会申请调解。
(　　) 86. 食品标签所用文字必须是规范的汉字。可以同时使用汉语拼音，但必须拼写正确，不得大于相应的汉字。
(　　) 87. 绿色食品标志的颜色为蓝色，象征着生命、农业、环保。
(　　) 88. 顽固型顾客比较理性，考虑问题比较周到，经常会货比三家，然后再做出决定。
(　　) 89. 持有欣赏性动机的顾客一般不具有一定的艺术修养。
(　　) 90. 营业员也是企业的一员，因此处理顾客异议应时刻以企业利益为重，能不退换货就不退换货。
(　　) 91. 通过电话订购，商业企业根据订购信息派人送货上门的销售方式是电话销售。
(　　) 92. 处理投诉时，与顾客达成协议后要立即执行。
(　　) 93. 褒贬是买主，无声是闲人。

（　　）94. 被客户误解不是挫折与打击。
（　　）95. 顾客的异议是基础，顾客异议中所包含的积极因素是利用的论据。
（　　）96. 处理顾客异议的操作步骤中，首先是要与顾客协商。
（　　）97. 盘点前应及时清理账务，盘点时做到账账相符、账实相符。
（　　）98. 按货柜与货架逐层由下至上、从右至左按商品顺序进行点数。
（　　）99. 要加强对盗窃的各类防范措施，减少因此带来的损失。
（　　）100. 商品贡献率将直接影响商品的贡献毛利。

营业员（高级）理论知识试卷答案

一、单项选择题

1. D	2. C	3. A	4. A	5. D	6. D	7. B	8. B	9. C	10. D
11. C	12. B	13. D	14. B	15. A	16. B	17. D	18. D	19. D	20. B
21. B	22. A	23. B	24. A	25. A	26. D	27. C	28. C	29. C	30. C
31. D	32. C	33. D	34. C	35. C	36. A	37. B	38. C	39. A	40. C
41. D	42. B	43. D	44. C	45. B	46. A	47. D	48. C	49. A	50. C
51. C	52. D	53. D	54. B	55. D	56. D	57. C	58. C	59. C	60. D
61. D	62. C	63. A	64. A	65. A	66. D	67. B	68. D	69. C	70. A

二、多项选择题

71. ABCD	72. ABCDE	73. ABCDE	74. ABCDE	75. ABCDE
76. ABCDE	77. ADE	78. ABCD	79. ABCE	80. BCD

三、判断题

81. √	82. ×	83. √	84. ×	85. ×	86. √	87. ×	88. ×	89. ×	90. ×
91. √	92. √	93. √	94. ×	95. √	96. ×	97. √	98. ×	99. √	100. ×

第二部分 操作技能

第一章 考情观察

考核思路

根据《营业员国家职业技能标准》的要求，高级营业员操作技能主要考核其在开展工作过程中对专业技能的熟练程度，包括商品检验、商品销售、商品清查等技能模块，重点考查其在引导购物、接待投诉和商品盘点这三方面的熟练程度。

组卷方式

营业员(高级)操作技能考核试卷的生成方式为计算机自动生成试卷。即计算机按照本职业等级的操作技能考核内容结构表和鉴定要素细目表的结构特征，使用统一的组卷模型，从题库中随机抽取相应试题组成试卷。试卷生成后应请专家审核无误才能确定。

试卷结构

职业技能鉴定国家题库技能操作试卷一般由以下三部分内容构成：

(1) 操作技能考核准备通知单。分为鉴定机构准备通知单和考生准备通知单，在考核前分别发给鉴定考核实施单位和考生。内容为考核所需场地、设备、材料、工具及其他准备要求。

(2) 操作技能考核试卷正文。内容为操作技能考核试题，包括试题名称、试题分值、考核时间、考核形式、具体考核要求等。

(3) 操作技能考核评分记录表。内容为操作技能考核试题配分与评分标准，用于考评员评分记录。主要包括各项考核内容、考核要点、配分与评分标准、否定项及说明、考核分数加权汇总方法等。必要时包括总分表，即记录考生本次操作技能考核所有试题成绩的汇总表。

考核时间与要求

(1) 考核时间。按《营业员国家职业技能标准》的要求，本职业高级操作技能考核时间为30～40 min。

(2) 考核要求。① 按试卷中具体考核要求进行操作；② 考生在操作技能考核过程中要遵守考场纪律，执行操作规程，防止出现人身和设备安全事故。

第二章　考核结构与鉴定要素表

考核内容结构表

营业员操作技能考核内容结构表是操作技能题库的主体框架，它是在深入分析职业工作特点的基础上，按照技能题库理论模型，结合职业技能鉴定工作的要求开发设计的，充分体现了试题库的总体结构和设计思路。

营业员操作技能考核内容结构表采取模块化的结构形式，既可以保证考核内容的完整性、统一性，又能够满足各技术等级之间在考核内容和考核形式上的不同要求，同时它又是组成试卷的重要依据。操作技能考核的鉴定范围、题量、考核时间、鉴定比重、抽题方式和考核方式在考核内容结构表中都作了明确的规定。

营业员(高级)操作技能考核内容结构表见表 2-2-1。根据《营业员国家职业技能标准》的要求，将营业员(高级)的全部考核内容划分为“商品检验”、“商品销售”和“商品清查”3 个一级模块、6 个二级模块，并在二级模块下标有鉴定比重、考核时间和考核方式等，考核时需根据结构表组成考核试卷。

表 2-2-1　营业员(高级)操作技能考核内容结构表

<table>
<tr><th colspan="2">鉴定范围</th><th>题　量</th><th>考核时间</th><th>鉴定比重</th><th>抽题方式</th><th>考核方式</th><th>可选数量</th></tr>
<tr><td rowspan="2">商品检验</td><td>验收商品</td><td rowspan="3">1</td><td rowspan="3">16 min</td><td rowspan="3">45%</td><td rowspan="3">单抽</td><td rowspan="3">实操</td><td rowspan="3"></td></tr>
<tr><td>鉴别商品</td></tr>
<tr><td rowspan="2">商品销售</td><td>引导购物</td></tr>
<tr><td>接待投诉</td><td>1</td><td>8 min</td><td>15%</td><td>单抽</td><td>实操</td><td></td></tr>
<tr><td rowspan="2">商品清查</td><td>商品盘点</td><td rowspan="2">1</td><td rowspan="2">10 min</td><td rowspan="2">40%</td><td rowspan="2">单抽</td><td rowspan="2">实操</td><td rowspan="2"></td></tr>
<tr><td>商品分析</td></tr>
</table>

鉴定要素细目表

鉴定要素细目表是试题库总体结构和考核内容结构表的具体表现形式，该表按照技术等级分别列出，共分为 6 个二级模块。二级模块下的“鉴定点”即为技能考核试题的考核内容。

营业员(高级)操作技能鉴定要素细目见表 2-2-2。

表 2-2-2　营业员(高级)操作技能鉴定要素细目表

<table>
<tr><th>鉴定范围(一级)</th><th>鉴定范围(二级)</th><th>鉴　定　点</th></tr>
<tr><td rowspan="2">商品检验</td><td>验收商品</td><td>验收商品的操作</td></tr>
<tr><td>鉴别商品</td><td>鉴别商品的操作</td></tr>
</table>

续表 2-2-2

鉴定范围(一级)	鉴定范围(二级)	鉴　定　点
商品销售	引导购物	引导购物的操作
	接待投诉	接待投诉的操作
商品清查	商品盘点	商品盘点的操作
	商品分析	库存商品分析

第三章　模拟试卷

职业技能鉴定国家题库

营业员(高级)操作技能考核准备通知单(考场)

试题一

序 号	名 称	规 格	单 位	数 量	备 注
1	桌 子		张	1	
2	货 柜		个	1	
3	销售小票		本	1	
4	笔		支	1	
5	购物袋		个	1	
6	饮料(箱内有小包装)		箱	1	
7	发货单		张	1	
8	验收单		张	1	
9	计算器		个	1	
10	裁纸刀		把	1	
11	食品合格证		张	1	
12	抹 布		块	1	

说明:进货单据要事先填好,一名工作人员扮演顾客。

试题二

序号	名 称	规 格	单 位	数 量	备 注
1	货 柜		个	1	
2	购物小票		张	1	顾客留存联
3	操作台		张	1	
4	戒 指	3种不同质地	枚	3	
5	销售小票		本	1	
6	座 椅		把	1	
7	笔		支	1	
8	退换货登记表		张	1	

说明:有一名工作人员扮演女顾客。

试题三

序号	名 称	规 格	单 位	数 量	备 注
1	盘点表	空白	张	20	
2	笔	红、蓝	支	2	
3	货 架		个	3	
4	电话包装盒		个	3	
5	复印机标签箱		个	3	
6	传真机标签箱		个	5	
7	盘点机		台	1	
8	计算器		个	1	
9	白 纸		张	10	
10	价 签		张	3	
11	蓝色复写纸		张	2	

职业技能鉴定国家题库
营业员(高级)操作技能考核准备通知单(考生)

试题一～三

无准备通知单。

职业技能鉴定国家题库
营业员(高级)操作技能考核试卷

注意事项

1. 本试卷依据2010年颁布的《营业员国家职业技能标准》命制。
2. 请根据试题考核要求完成考试内容。
3. 请服从考评人员指挥,保证考核安全顺利进行。

试题一 接待外宾购买饮料的销售操作

(1)本题分值:45分。

(2)考核时间:16 min。

(3)考核形式:实操。

(4)具体考核要求:根据外宾购买饮料的要求,完成验收商品、鉴别商品、迎接宾客、引导购物、开具销售小票及使用英语打招呼、报商品价格、提示到收银台付款、道别语等接待外宾的销售操作。

(5) 否定项说明:无。

试题二　接待女士戒指投诉的操作

(1) 本题分值:15 分。

(2) 考核时间:8 min。

(3) 考核形式:实操。

(4) 具体考核要求:根据顾客购买戒指回家使用之后褪色,找到商店专柜,要求按照质量问题退货及赔偿的投诉要求,完成迎接宾客、接待投诉、达成协议、致歉、送宾、填写投诉登记表等接待投诉的操作。

(5) 否定项说明:无。

试题三　办公用品区域的电话、复印机、传真机的盘点操作

(1) 本题分值:40 分。

(2) 考核时间:10 min。

(3) 考核形式:实操。

(4) 具体考核要求:根据盘点的要求,完成对办公用品区域的电话、复印机、传真机商品的整理,抄写盘点表,核对盘点表,实施盘点,计算盘点表的盘点操作。

(5) 否定项说明:无。

职业技能鉴定国家题库

营业员(高级)操作技能考核评分记录表

总 成 绩 表

序号	试题名称	配分	得分	权重	最后得分	备　注
1	接待外宾购买饮料的销售操作	45				
2	接待女士戒指投诉的操作	15				
3	办公用品区域的电话、复印机、传真机的盘点操作	40				
合　计		100				

统分人:　　　　　　　　　　年　　　月　　　日

试题一 接待外宾购买饮料的销售操作

序号	考核内容	考核要点	配分	评分标准	扣分	得分
1	验收商品	在规定的时间(4 min)内完成以下内容： ① 打开箱盖，验收； ② 查看送货单据与实物是否相符； ③ 检查包装盒是否完好； ④ 查看包装箱标明的商品数量并核对商品数量	12	① 每超时 10 s 扣 1 分，扣完为止； ② 每个要点为 3 分		
2	鉴别商品	在规定的时间(4 min)内完成以下内容： ① 查看食品合格证； ② 查看产品的名称、规格、成分、生产日期、保质期等； ③ 查看安全标志，生产厂家名称、地址、电话等	9	① 一项不符合规范扣 1 分，扣完为止； ② 每个要点为 3 分		
3	迎接宾客	在规定的时间(1 min)内以规范的站姿、面带微笑迎接宾客	2	一项不符合规范扣 1 分，扣完为止		
4	引导购物	在规定的时间(4 min)内完成以下内容： ① 使用英语 “Good morning, can I help you?” 接待顾客； ② 推荐 2～3 种饮料； ③ 使用英语回答商品价格(58 元)	12	① 每超时 10 s 扣 1 分，扣完为止； ② 每个要点为 4 分		
5	开具销售小票	在规定的时间(2 min)内为顾客开具销售小票(58 元)并使用英语 “Please pay at the cashier's.”	6	① 每超时 10 s 扣 1 分，扣完为止； ② 每个要点为 3 分，使用英语不准确不得分		
6	递交商品	在规定的时间(1 min)内将商品装入购物袋，双手递交到顾客手中并使用英语 “Thank you!Bye!”	4	① 每超时 10 s 扣 3 分，扣完为止； ② 使用英语不准确不得分		
合计			45			

评分人： 年 月 日 核分人： 年 月 日

试题二 接待女士戒指投诉的操作

序号	考核内容	考核要点	配分	评分标准	扣分	得分
1	迎接宾客	在规定的时间(1 min)内以规范的礼仪迎接宾客，并将宾客带离销售现场	1	一项不符合规范扣 0.5 分，扣完为止		

续表

序号	考核内容	考核要点	配分	评分标准	扣分	得分
2	接待投诉	在规定的时间(4 min)内完成以下内容： ① 聆听顾客要求，安抚顾客情绪； ② 核对购物小票，检查商品否属于质量问题； ③ 确认属于退换货规定范围	6	① 每超时 10 s 扣 1 分，扣完为止； ② 每个要点为 2 分，若原因判断错误不得分		
3	达成协议	在规定的时间(2 min)内完成以下内容： ① 提出解决方案； ② 与顾客达成一致	4	① 每超时 10 s 扣 1 分，扣完为止； ② 每个要点为 2 分，不符合规范不得分		
4	致歉、送宾	在规定的时间(1 min)内以委婉、和气的语气向顾客致歉，并以规范的礼仪送宾	1	不达标不得分		
5	填写投诉登记表	在规定的时间(2 min)内按要求完整地填写投诉登记表	3	① 缺一项扣 1 分，扣完为止； ② 字迹要求工整、准确，错一个字扣 1 分，扣完为止		
合　计			15			

评分人：　　　年　　月　　日　　　　核分人：　　　年　　月　　日

试题三　办公用品区域的电话、复印机、传真机的盘点操作

序号	考核内容	考核要点	配分	评分标准	扣分	得分
1	整理商品	在规定的时间(3 min)内完成以下内容： ① 对货柜、货架的商品进行整理，将错位的商品回归原位并码放好； ② 将破损商品、变质商品单独放到指定的位置； ③ 对小库商品进行整理，码放整齐并标上数量； ④ 对陈列商品进行整理并码放整齐； ⑤ 核对货架盘点表上的货架编号是否与实际货架号一致	10	① 每超时 10 s 扣 1 分，扣完为止； ② 每个要点为 2 分，不符合规范不得分		
2	抄写盘点表	在规定的时间(2 min)内完成以下内容： ① 抄写商品编号、品名； ② 抄写商品规格、单价	8	① 每超时 10 s 扣 1 分，扣完为止； ② 每个要点为 4 分，字迹不工整不得分		
3	核对盘点表	在规定的时间(1 min)内核对商品编号、名称、规格、单价与盘点表是否一致	6	① 每超时 10 s 扣 1 分，扣完为止； ② 每个要点为 1.5 分		

续表

序号	考核内容	考核要点	配分	评分标准	扣分	得分
4	实施盘点	在规定的时间(2 min)内完成以下内容： ①按货柜、货架逐层由上至下、从左至右按商品顺序进行点数； ②填写商品的数量	10	①每超时10 s扣1分，扣完为止； ②每个要点为5分，不符合规范不得分		
5	计算盘点表	在规定的时间(2 min)内完成以下内容： ①计算盘点表的单品金额； ②计算盘点表合计的数量和金额； ③复合盘点表并签字	6	①每超时10 s扣1分，扣完为止； ②每个要点为2分，不符合规范不得分		
合　计			40			

评分人：　　　　　年　　月　　日　　　　　核分人：　　　　　年　　月　　日

参 考 文 献

1 中华人民共和国人力资源和社会保障部. 营业员国家职业技能标准[S]. 北京：中国劳动社会保障出版社，2010.

2 中国就业培训技术指导中心. 营业员(基础知识)[M]. 北京：中国劳动社会保障出版社，2012.